절대공정이 당신의 운명을
바꾸어 놓습니다

이 병훈

절대
긍정의
기적

Positivity
Positivity
Positivity
Positivity
Positivity

절대
긍정의
기적

The Miracle of
Absolute Positivity

이영훈 지음

교회성장연구소

Conte

nts

Conte

nts

Conte

nts

Prologue

인간이 할 수 없는 일을 하나님께서 하실 때, 우리는 그것을 기적이라고 부릅니다. 그래서 우리의 삶은 그 자체로 매일이 기적입니다. 2022년 한 해에만, 전 세계적으로 약 7천만 명의 사람이 사망했다고 합니다. 코로나19 등 갖가지 질병으로, 노화로, 전쟁으로, 사고로, 약물로, 혹은 심리적인 어려움으로 인해 매일 평균 18만 명 이상의 사람이 세상을 떠난 것입니다. 그런데 하나님은 우리에게 오늘이라는 선물을 주셨습니다. 우리를 통해 이루고자 하시는 하나님의 뜻이 있기 때문입니다. 아침에 눈을 뜨고, 숨을 쉬고, 심장이 여전히 힘차게 뛰고 있다면, 그것은 아직 우리에게 사명이 남아있기 때문입니다. 곧 한 번뿐인 인생을 의미 있고 가치 있게 만들어가는 것이 하나님께서 우리에게 주신 사명을 감당하는 일입니다.

저는 영적 멘토이신 조용기 목사님으로부터 성령충만과 절대긍정의 믿음을 배웠습니다. 그 이후로 절대긍정의 신앙이 주는 엄청난 기적을 지금까지 경험하고 있습니다. 하나님은 절대긍정의 하나님이시기에, 그분을 만나면 우리 삶 가운데 있던 모든 부정이 사라집니다. 자기 자신, 타인, 일과 사명, 환경, 미래가 새롭게 되는 오중긍정의 기적이 일어납니다. 이러한 오중긍정을 경험하기 위해서는 긍정언어, 절대감사, 사랑나눔이라는 세 가지 훈련이 필요합니다. 절대긍정의 원리를 훈련하고 삶에 적용한다면 하나님께 받은 사명을 이루고 그분을 기쁘시게 하는 기적의 인생 속에 거할 수 있습니다.

이 책에서는 절대긍정의 중요성과 개발 원리를 사례와 함께 설명했고, 각 챕터 마지막에는 10개의 체크 리스트를 실었습니다. 저는 지능지수IQ나 감성지수EQ보다 긍정지수PQ, Positivity Quotient가 더 중요하다고 생각합니다. 긍정지수가 높을수록 삶과 신앙의 행복도와 성취도 또한 높아지기 때문입니다. 더불어 『4차원 절대긍정학교』라는 훈련 교재도 출판했습니다. 주제별로 성경말씀을 공부하고, 묵상 및 적용을 담은 교재로 소그룹 훈련에 사용하면 더욱 효과적일 것입니다.

이 책을 통해 절대긍정의 하나님을 향한 믿음이 더욱 확고해지길 원합니다. 오중긍정과 삼중훈련을 배우고 적용함으로써 모든 부정을 긍정으로 바꾸시는 하나님 사랑의 기적을 경험하시길 소원합니다. 이제 저와 함께 절대긍정이라는 기적의 여행journey을 떠날 준비가 되셨습니까?

여의도순복음교회 담임목사

이 영 훈

모든 지킬 만한 것 중에
더욱 네 마음을 지키라
생명의 근원이 이에서 남이니라
잠언 4장 23절

—

절대긍정의
중요성

The Miracle of
Absolute Positivity

Chapter 01

절대긍정의
중요성

> 태도는 과거가 쌓여 만든 현재의 모습이자
> 미래를 알려주는 예언자이다.
> - 존 맥스웰

저는 이전에 83세의 노 의사와 저녁 식사를 했던 적이 있습니다. 고령에도 불구하고 누구보다 활기찬 삶과 사회생활을 유지하고 있는 그분을 뵈면서, 그런 삶을 유지할 수 있었던 비결이 궁금해지기 시작했습니다. 놀랍게도 평생 아픈 사람을 돌보고 치료해 오셨던 그분은 정작 본인도 병으로 인해 어려움을 겪은 적이 있다고 했습니다. 그럼에도 건강하고 활기찬 삶을 유지할 수 있었던 것은 감사의 생각을 지속했기 때문이라고 설명했습니다. 그분은 "감사합니다. 감사합니다"라고 계속 고백을 하니 어느새 아픈 것이 사라지더라는 이야기까지 덧붙였습니다.

더 나아가 그분은 이렇게 말했습니다. "목사님, 저는 부정적인 뉴스나 남에 대한 험담 같은 부정적 이야기는 아예 듣지 않습니다. 그냥 차단해 버립니다. 긍정적인 생각에만 집중합니다. 그러니까 마음이 평안합니다." 저는 그때 그분의 간증을 듣고 절대긍정의 생각과 감사의 고백이 가지는 힘을 다시금 깨달을 수 있었습니다.

긍정적인
사람이 건강하다

건강은 현대인들의 가장 큰 관심사입니다. 사람들은 몸에 좋은 음식이나 영양제, 운동 등에 많은 시간과 돈을 투자합니다. 각종 정보를 공유하며 나누기도 합니다. 그런데 의사들은 건강 관리에서 무엇보다 중요한 것이 스트레스 관리라고 말합니다.

큰 불안이나 상처가 있으면 마음의 평안을 지킬 수가 없는데 평안을 막는 모든 생각은 결국 부정적 생각에서 비롯된다고 합니다. 우리나라의 경우, 한 해 동안 자살하는 사람이 평균 1만 명이 넘고 실제 자살을 시도하는 사람들이 10만 명이 넘는다고 합니다. 2022년 통계청 발표에 의하면 10대 사망 원인 중 1위는 자살43.7%이었습니다. 불안장애로 약을 처방받는 사람도 연간 250~300만 명 정도로 나타나고 있습니다.

미국 국립건강관리소의 에머슨 박사Eric Emerson는 감사와 건강의 관계를 알아보는 실험을 했습니다. 실험 참가자를 A, B, C 세 그룹으로 나눈 뒤, A 그룹은 기분 나쁜 말과 행동을, B 그룹은 일상적인 말과 행동을, C 그룹은 긍정적인 감사의 말과 행동을 하게 하였습니다. 일정 기간이 지난 후 각 그룹 사람들의 건강 상태의 변화를 분석한 결과, 긍정적으로 감사의 말과 행동을 한 C 그룹 사람들의 건강 상태와 행복도가 가장 높은 것으로 확인되었습니다. 에머슨 박사는 이 연구를 통하여 긍정적인 언어, 감사의 말을 자주 하게 되면 면역력이 높아져서 크고 작은 질병을 이겨내고 훨씬 더 건강하게 살 수 있다는 결론을 내리게 되었습니다.

미국의 의사인 존 자웨트John Jowett는 한 보고서를 통해 '감사하는 마음을 가지고 식사 기도를 드리고 음식을 먹는 사람들'을 연구한 결과, 그들에게만 있는 특이한 3가지 물질을 발견했다고 발표했습니다. 첫 번째 물질은, 연구자인 존 자웨트 씨도 완전히 규명하기 힘든 신비한 백신vaccine으로, 모든 질병을 예방해 주는 효능을 가지고 있다고 합니다. 두 번째 물질은 항독소antitoxin라는 물질로 항체 역할을 담당하여 병균의 침입을 막아주고 살균을 하기에 질병의 예방뿐 아니라 치료에도 도움을 준다고 합니다. 세 번째 물질은 안티셉틴antiseptin으로 방부제 구실을 하여 위장 내에서 음식물이 부패하는 것을 막아주고 소화 흡수를 도와서 건강을 증진하는 역할을 한다고 합니다.

절대긍정의 기적

1998년 미국 듀크 대학병원에서 해롤드 쾨니히Harold Koenig와 데이비드 라슨David B. Larson이라는 두 의사가 실험 연구를 진행했는데, 그들은 실험을 통해 주일마다 교회에서 감사하면서 예배를 드리는 사람들은 그렇지 않은 사람보다 평균 7년을 더 오래 산다는 사실을 밝혀냈습니다. 더 나아가 존 헨리John Henry 박사도 "감사는 최고의 항암제요. 해독제요. 방부제이다"라고 설명한 바 있습니다.

스트레스는 여러 질병의 원인이 되는 것으로 알려져 있습니다. 극심한 미움과 분노, 우울과 좌절감 같은 부정적인 감정들은 스트레스가 됩니다. 스트레스를 받으면 몸에서는 스트레스 호르몬이 분비되며 두근거림, 두통 등의 증상을 발현시키고 더 나아가 인체에 꼭 필요한 비타민 등의 영양소를 파괴하는 것은 물론 면역체계를 억제시킵니다. 스트레스는 심혈관계, 순환계, 소화기 등에 질병을 야기하게 되는 것입니다.

새해에 들어 기도하던 중에, 하나님께서 제게 이런 말씀을 주셨습니다. "내가 앞으로 더 큰 은혜를 줄 것인데, 어떤 일이 있어도 마음의 평안을 빼앗기지 말라." 저는 이 말씀을 듣고 결심했습니다. "그래, 주님만 바라보고 주님의 약속의 말씀을 붙잡자. 어떤 상황에서도 주님을 의지하면 평안을 주신다. 그러므로 그 평안을 잃어버리지 말자. 사람들의 말이나 환경에 휘둘리지 말자."

주님은 자신의 평안을 선물로 주겠다고 이미 약속하셨습니다. "평안을 너희에게 끼치노니 곧 나의 평안을 너희에게 주노라 내가 너희에게 주는 것은 세상이 주는 것과 같지 아니하니라 너희는 마음에 근심하지도 말고 두려워하지도 말라"요 14:27 모든 환난과 고통은 마음으로부터 옵니다. 자신의 마음과 생각을 잘 지키면 모든 상황을 이길 수 있습니다잠 4:23.

실제로 자기 자신에 대하여, 환경에 대하여, 사물에 대하여, 그리고 타인에 대하여 부정적으로 생각하는 사람은 정신적인 병과 스트레스에 취약합니다. 그러나 긍정의 생각과 감사의 마음을 가지면 이런 상처나 스트레스를 이기고 건강도 잘 관리할 수 있습니다. 의사인 어빙 오일Irving Oil은 이와 관련하여 "긍정적이고 아름다운 생각은 몸에 유익한 호르몬을 생성시키고 이 호르몬은 병을 치유하는 데 큰 도움을 준다"라고 설명했습니다. 이러한 연구 결과는 긍정의 생각이 마음을 지키는 것은 물론 육신의 건강도 지킬 수 있음을 분명하게 알려줍니다.

긍정이
행복을 만든다

캘리포니아 밀스 대학 출신 중, 1960년 졸업생 141명의 졸업앨범 사진을 분석한 결과가 있습니다. 졸업생 중, 몇 사람은 무표정이었지만 그 외의 대부분은 미소를 짓고 있었습니다. 그런데 그중 절반은 표정만으로 웃고 있었고^{팬암 미소}, 다른 절반의 학생들은 마음으로부터 우러나오는 미소^{뒤센 미소}를 짓고 있었습니다. 두 명의 심리학자가 학생들의 일생을 추적 관찰했습니다. 졸업생 중 27세, 43세, 52세가 된 여성들을 찾아가 그들의 결혼생활과 삶에 대한 만족도를 조사한 것입니다. 그 결과 실제로 미소를 지은 사람들이 더 행복하게 살고 있었고, 진정한 미소^{뒤센 미소}를 지었던 여성들은 높은 성취감, 원만한 대인관계, 안정적인 심리상태, 높은 소득수준을 보이고 있었습니다.

사람들은 흔히 어떤 조건이 충족되어야 행복해질 수 있다고 생각합니다. '돈을 많이 벌면', '좋은 직장에 다니면', '건강해지면', '자녀가 좋은 학교에 가면'과 같은 전제가 있어야 행복해질 것이라 여깁니다. 하지만 오랫동안 행복을 연구해 온 미국의 긍정심리학자 소냐 류보머스키^{Sonja Lyubomirsky} 교수는 부나 성공과 같은 요소들은 행복의 조건이 아니라 행복의 결과일 뿐이라고 말합니다. 그녀는 "행복을 가져다주는 것은 삶에 대한 긍정적인 자세이며, 그로 인해 행복해진 사람들은 생산성도 높고, 건강한 면역체계를 갖고 돈도 더 잘 벌고 있다"라고 말했습니다. 자신에 대한 긍정적인 생각과, 환경과 미래에 대한 긍정적인 태도가 삶을 결정한다는 것입니다.

인생은 긍정 이미지와
부정 이미지의 싸움이다

인생은 긍정과 부정의 싸움입니다. 사람의 마음은 긍정과 부정의 전쟁터입니다. 그래서 잠언 4장 23절은 "모든 지킬 만한 것 중에 더욱 네 마음을 지키라 생명의 근원이 이에서 남이니라"고 증거하고 있습니다.

마음에 따라 보이는 것도 다릅니다. 똑같은 시간, 똑같은 장소에서 똑같은 것을 보아도 마음가짐이나 관심사에 따라 모든 것이 다르게 보입니다. 저수지를 볼 때, 수영 선수는 헤엄칠 것을 상상하고, 낚시꾼은 월척을 낚는 꿈을 꿉니다. 농부는 밭에 물을 공급하여 풍성한 열매를 거두는 장면을 보는가 하면, 레저를 즐기는 사람은 물살을 가르고 멋지게 배를 타는 모습을 상상하게 될 것입니다. 그만큼 어떤 관점으로, 어떤 마음으로 보느냐가 중요합니다.

토머스 스탠리Thomas J. Stanley는 백만장자 733명을 대상으로 설문조사와 인터뷰를 진행한 후에 『백만장자 마인드』라는 책을 썼습니다. 이 책에서 그는 "백만장자들은 반드시 교육을 많이 받은 엘리트도 아니고, 엄청난 유산을 물려받은 사람들도 아니다. 그들은 백만장자의 꿈을 가지고 백만장자 마인드로 무장한 사람들이다"라고 말합니다. 책에서 전하는 바와 같이 마음을 어떻게 먹느냐에 따라서 말이 달라지고 표정도 달라집니다. 옷맵시도 달라지고 행동도 달라집니다. 마음에 따라 신앙도 달라지고 인생도 달라집니다. 그러므로 행복한 모습, 성공하고 잘되는 자신의 모습을 꿈꾸고 바라보아야 합니다. 매일 긍정의 이미지를 창조해야 합니다.

켈리 최Kelly Choi 여사는 프랑스에서 사업을 하다가 10억의 빚을 지고 실패를 했습니다. 그러나 좌절하지 않고 큰 부를 이룬 1천여 명의 사람을 만나고 연구하여 부와 성공의 원리를 배우고 실천했습니다. 그 결과 '켈리델리KellyDeli'라는 글로벌 기업을 이루어 유럽 12개국 1,200개의 매장을 보유, 연간 매출 6천억 원이라는 성장을 이루었습니다. 켈리 최 회장은 그녀의 베스트셀러인 『웰씽킹Wealthinking』에서 건강한 부의 개념을 제시하며 성공을 이루는 핵심 요소를 강조합니다.

"만약 당신이 나에게 성공을 이루는 핵심 요소가 무엇이냐고 묻는다면 나는 주저하지 않고 '시각화'라고 대답할 것이다. 시각화는 웰씽킹의 정수다. 시각화란 내가 원하는 가장 이상적인 삶을 상상하며 잠재의식 속에 이미지를 심는 일이다."

인생의 성공에서 가장 중요한 것이 이미지를 어떻게 그리느냐 하는 것입니다. 운동선수들의 성공도 마찬가지입니다. 그들은 오래전부터 이미지 트레이닝image training의 중요성을 알고 훈련해 왔습니다. 자신이 운동을 잘하는 모습, 자신이 승리하는 모습을 마음에 그리며 연습한 것입니다. 비슷한 원리로, 볼링을 처음 배우는 사람들을 두 그룹으로 나누어 볼링을 치는 법을 가르치는 실험이 진행된 적이 있습니다. 연습하는 장면을 비디오로 녹화하여 한 그룹에는 잘한 장면만 보여주고, 또 다른 그룹에는 못한 장면만 보여주었습니다. 그 결과, 멋지게 볼링을 잘 치는 모습을 본 그룹의 실력이 월등하게 향상되었습니다. 또한 나중에 볼링을 못 치던 그룹의 사람들에게도 긍정적인 모습을 계속 보여주자 실력이 다시 향상되었습니다.

손흥민은 한국이 낳은 세계적인 축구선수입니다. 2022년 카타르 월드컵 이후 싱가포르 매체 「어거스트맨AUGUSTMAN」의 인터뷰에서 당시의 심정을 이렇게 밝혔습니다.

"긍정적인 생각이 중요하다. 월드컵 직전에 안와골절 부상을 당했을 때 사람들은 '손흥민의 월드컵이 사라졌다'라고 말했다. 그러나 나는 긍정적으로 생각했다. 월드컵에 갈 것이라고 확신했다."

위의 말에서 손흥민 선수가 가진 강한 긍정성을 느낄 수 있습니다. 이처럼 어려운 상황에서도 긍정의 이미지를 그리는 것은 아주 중요합니다.

이미지의 중요성에 대해 네덜란드의 저명한 미래학자인 프레드 폴락Fred Polak은 이렇게 말한 바 있습니다. "미래에 대한 이미지의 성쇠는 그 문화의 성쇠보다 앞서거나 동시에 진행된다. 사회의 이미지가 긍정적이고 융성하면 문화도 활짝 꽃핀다. 그러나 그 이미지가 쇠퇴해 생기를 잃기 시작하면 그 문화도 오래 가지 못한다."

여러분이 그려내는 이미지는 어떻습니까? 자신에 대하여, 타인에 대하여, 여러분의 일에 대하여 어떤 이미지를 그리고 있습니까? 여러분의 문제에 대하여, 혹은 가족이나 교회, 회사, 사회에 대하여 어떤 그림을 가지고 있습니까? 그 그림은 긍정적입니까? 아니면 부정적입니까? 분명 긍정의 생각은 긍정의 이미지를 가져오고 부정적인 생각은 부정의 이미지를 가져옵니다. 또한 그 이미지에 따라 우리의 미래는 달라집니다.

긍정의 에너지를 가진 사람과 함께하라

에너지가 파동을 일으켜 다른 물체에 반응을 일으키는 것을 '동조 현상'이라고 합니다. 바이올린 줄을 같은 음높이로 조율한 후 한 줄을 켜면 다른 줄도 같이 울리게 됩니다. 사람의 감정도 동조 현상을 일으킬 수 있습니다. 누군가가 감정이 시무룩해 있으면 나도 같이 감정이 다운되고 누군가가 얼굴이 밝고 행복하면 나도 덩달아 기분이 좋아집니다. 부정적 에너지도 마찬가지입니다. 누군가가 부정적으로 생각하고 부정적으로 말하면 다른 사람들에게 전염이 될 수 있습니다. 그러므로 내가 먼저 긍정 에너지의 동조 현상을 일으켜 긍정 공동체를 만들어야 합니다.

긍정의 이미지를 강화하기 위한 최고의 방법은 긍정의 에너지를 가진 사람과 함께하는 것입니다. '펩PEP, Positive Energy Program'이라는 프로그램으로 미국 전역에 긍정적인 에너지를 전파하고 있는 긍정 전문가이자 베스트셀러 작가인 존 고든Jon Gordon은 『에너지 버스』에서 긍정 에너지를 강화하는 비결을 소개합니다. 그것은 긍정의 에너지를 가진 사람들을 모아 에너지 버스에 태우고 인생의 목적을 향해 함께 달려가야 한다는 것입니다. 그는 부정적인 에너지를 내뿜는 사람들을 만나 어울리지 말라고 강조합니다. 우리에게 있는 긍정적 기운이 빠져나가게 만드는 사람들로 인해 불필요한 에너지를 낭비하는 대신, 긍정의 에너지를 발산하는 이들과 만나 교제하며 더 귀하고 아름다운 일들을 도모하라는 것입니다.

현대 경영의 창시자로 불리는 톰 피터스Tom Peters는 기업인들에게 이런 중요한 조언을 합니다. "긍정의 피드백을 자주 전하라!" 직원들에게 긍정적인 피드백을 주는 것이 부정적인 피드백을 주는 것보다 30배의 효과를 발휘한다는 것입니다. 예수님도 말씀의 씨앗이 좋은 땅에 뿌려질 때

30배 이상의 열매를 맺을 수 있다고 말씀하셨습니다막 4:20. 긍정적인 마음은 하나님의 말씀을 받을 수 있는 좋은 땅입니다. 긍정의 마음을 품고 긍정의 말을 하는 사람은 최소 30배 이상의 긍정적인 효과를 맞이할 수 있습니다.

세계적인 사회학자인 커밍 워크Cumming Walk는 성공의 요인을 네 가지로 말한 바 있습니다. 첫째는 지능IQ, 둘째는 지식Knowledge, 셋째는 기술Technique, 넷째는 태도Attitude입니다. 그는 이중에서 '긍정적인 태도'가 성공을 결정하는 데 93% 이상의 중요성을 가진다고 말했습니다. 긍정적인 태도는 대인관계와 인생의 성공에 지대한 영향을 미칩니다. 따라서 긍정적인 태도와 에너지를 가진 사람들끼리 연합하면 못할 일이 없습니다. 무한한 가능성을 갖게 됩니다. 우리 또한 긍정의 사람들과 함께 절대긍정의 에너지 버스를 타고 하나님이 인도하시는 꿈과 비전을 향해 달려가야 합니다.

1,330번의 실수도 긍정화할 수 있다

하나님의 꿈을 향해 나아가다 보면 실수나 실패를 경험하게 됩니다. 고난도 찾아옵니다. 그러나 어떤 상황에서도 절대긍정의 마음을 유지하면 어떤 좌절감도 극복할 수 있습니다.

미국의 프로야구 역사상 가장 유명한 선수는 베이브 루스Babe Ruth일 것입니다. 그는 714개의 홈런을 쳐서, 1976년까지 세계 최고 기록을 유지했습니다. 공을 치기 전에 홈런을 칠 방향으로 방망이를 향했던 그의 '예고 홈런called shot'은 영화나 이야기의 단골 주제가 되어 왔습니다. 그러나 베이브 루스가 홈런왕이라는 것을 아는 사람은 많아도, 그가 삼진 아웃의 신기록 보유자임을 아는 사람은 그리 많지 않습니다.

그는 무려 1,330번의 삼진을 당했는데, 많은 야구 전문가는 이 기록을 깨기가 그가 홈런을 친 것만큼 어렵다고 입을 모으고 있습니다. 그는 714개의 홈런을 치기 위해 1,330개의 삼진이 필요했다고 합니다. 결국 1,330개의 실수가 그를 메이저리그 역사상 가장 위대한 야구선수로 만든 것입니다. 실수나 실패를 두려워하는 사람은 자신의 장점을 극대화할 수 없습니다. 실수나 실패 가운데서도 절대긍정의 자신감을 가져야 합니다.

배의 방향을 결정하는 것은 바람이 아니라 돛입니다. 돛이 어느 방향을 향하느냐에 따라 배의 방향이 결정됩니다. 또한 풍선이 높이 날 수 있는 것은 풍선의 색깔이나 바람의 방향이 아니라 그 속에 무슨 물질이 들어 있느냐에 따라 결정됩니다. 마찬가지로 우리 마음에 어떤 생각이 담겨 있는가가 인생의 방향과 높이를 결정합니다.

알렉산더 플레밍Alexander Fleming이 페니실린을 발명할 때의 일입니다. 그는 당시 어린아이들에게 유행하던 부스럼을 연구하다가 실수로 세균을 배양하는 접시 뚜껑을 닫지 않고 퇴근했습니다. 이후 뚜껑이 열린 접시에 푸른색 곰팡이가 생겨 접시 안에 잔뜩 배양돼 있던 세균이 다 죽어버린 것을 발견했습니다. 그러나 그는 실수앞에서 좌절하거나 포기하는 대신 푸른곰팡이 연구를 시작하여 페니실린을 발명했고 그 결과 노벨상까지 받았습니다. 실험실 접시의 뚜껑을 덮지 않은 결정적인 실수에 대한 긍정의 자세가 새로운 성공으로 가는 길이 된 것입니다.

미국의 한 독실한 크리스천은 행복한 일보다는 실패와 좌절로 점철된 일생을 보냈습니다. 22살에 사업에 실패했고, 23살에 주의원 선거에서 낙선했고, 24살에 사업에 실패했고, 25살에 주의원에 당선되었는데, 26살에 사랑하는 여인이 죽었습니다. 그래서 27살에 신경쇠약과 정신분열증이 다가왔고, 29세에 의회에 의장직에 도전했다가 낙선했고, 31세에 대통령 선거위원에서 낙선했고, 34세에 하원의원에 낙선했고, 37세에 겨우 하원의원에 당선되었다가 다시 2년 뒤에 하원에서 낙선했습니다. 그것이 끝이 아니라 46세에 상원의원에 낙선했고, 47대 부통령에 나와서 낙선했고, 49세에 상원의원에 낙선했는데, 이후 51세에 미국의 제16대 대통령으로 당선되었습니다.

그의 이름은 에이브러햄 링컨Abraham Lincoln입니다. 그는 흑인과 노예 해방을 통해 미국의 참된 인권과 평화를 세우는 데 큰 기초를 놓은 하나님의 일꾼이 되었습니다. 그의 일생은 좌절과 실패의 연속인 것 같았지만 낙심하지 않고 절대긍정의 믿음으로 나아가자 하나님이 그를 통해 위대한 일을 이루어 주셨습니다.

누가 뭐래도
요나를 생각하라

우리가 잘 아는 발명왕 토머스 에디슨Thomas Alva Edison은 긍정적인 사람이었습니다. 하지만 그의 과거를 보면 불행에 가까운 일들이 더 많아 보입니다. 가령, 그는 소년 시절 신문을 팔다가 기차에서 떨어져 청각장애로 큰 고통을 받게 되었습니다. 에디슨은 신문을 팔며 기차 한구석에서 실험을 하곤 했는데 어느 날 기차의 진동으로 실험 약품이 떨어져 불이 났고 이에 격분한 차장이 에디슨을 떠밀었는데 이때 귀를 다친 것입니다. 분명 이것은 그의 연구 인생에 장애가 될 수도 있었습니다. 훗날 누군가가 그에게 "귀가 잘 들리지 않아 연구하기 힘들지 않았습니까?"라고 질문했을 때 그는 이렇게 대답했습니다. "나는 청각장애인이 된 것을 감사하게 생각합니다. 딴소리에 신경을 쓰지 않고 연구에만 몰두할 수 있었으니까요."

1947년 2월 8일, 에디슨 탄생 100주년을 축하하는 행사가 열렸습니다. 그때 사람들이 에디슨이 살던 방을 샅샅이 둘러보다가 굳게 닫혀있는 서랍 하나를 발견하였습니다. 여기에 무엇이 들어 있길래 100년 동안 이렇게 닫혀 있나 싶어서 강제로 뜯고 서랍을 열어보았습니다. 놀랍게도 그 안에 종이 한 장이 들어있었는데, 거기에는 이런 말이 쓰여 있었습니다. "캄캄한 곳에 떨어졌을 때 누가 뭐래도 요나를 생각하라."

선지자 요나는 하나님 뜻을 어기고 멀리 도망갔다가 바다에 빠졌고 큰 물고기 배 속으로 들어갔습니다 욘 1:17. 그러나 하나님은 그를 보호하셨고 요나가 가야 할 니느웨로 가서 그를 뱉어내어 버리게 하셨습니다 욘 2:1-10. 불순종하고 고집이 센 요나를 통해서도 하나님은 일하시고 니느웨를 구원하신 것을 기억해야 합니다. 에디슨은 이런 의미의 글을 써놓고 절대긍정의 믿음으로 살려고 노력한 것입니다. "힘들고 어려울 때는 요나를 생각하며 다시 힘을 내자." 아무리 삶이 고달프고 힘들어도 절대긍정의 자세와 믿음을 가지면 우리 인생이 다시 회복될 수 있습니다.

긍정적인 사람은
회복탄력성이 크다

긍정적인 생각을 가진 사람은 어떤 역경이 와도 잘 극복할 수 있습니다. 역경을 이겨내는 힘을 '회복탄력성resilience'이라고 하는데 이 용어는 심리학, 사회학, 경제학, 교육학 등 다양한 분야에서 쓰이고 있습니다.

1955년부터 에미 워너Emmy Werner와 루스 스미스Ruth S. Smith 교수팀은 하와이의 섬 중에서 사회경제적으로 열악한 카우아이에서 태어난 아이들 833명을 30년 넘게 추적 조사했습니다. 그 가운데 3분의 2가량의 아이들이 열악한 환경에서 학습 부진, 약물 중독, 사회 부적응에 빠졌습니다. 그런데 아주 열악한 환경의 고위험군에 속한 201명 가운데 72명이 밝고 건강한 청년으로 문제없이 성장했다고 합니다. 살펴본 결과, 이들에게는 바로 역경을 이겨내는 긍정의 힘이 공통적으로 있었다는 것입니다.

워너 교수팀은 이것을 시련이나 고난을 이겨내는 긍정적인 힘의 의미로 '회복탄력성'이라고 이름을 붙였습니다. 물체마다 탄성이 있듯이 사람도 바닥을 치고 올라오는 삶의 탄력성이 있음을 밝혀낸 것입니다. 워너 교수팀은 회복탄력성에 3가지 요소가 있다고 말합니다. 자기조절능력, 대인관계능력, 그리고 긍정성입니다. 여기서 가장 중요한 것이 바로 긍정성이라고 말합니다. 그는 긍정성을 강화하면 자기조절능력과 대인관계 능력을 동시에 높일 수 있고 긍정성을 습관화하면 누구나 회복탄력성을 높일 수 있다고 설명합니다.

회복탄력성은 역경이나 불행을 겪은 개인 또는 공동체가 이에 좌절하지 않고 다시 회복하여 제자리를 찾거나 더 높이 도약할 수 있는 힘을 갖는 것입니다. 동화작가인 안데르센Hans Christian Andersen의 작품들은 회복탄력성을 잘 보여주는 예입니다. 그는 매우 가난한 집안에서 태어나 제대로 된 교육을 받지 못했지만 이를 『성냥팔이 소녀』로 승화시켰고, 실연당한 아픔 가운데서는 『인어공주』라는 작품을 내놓았습니다. 또한 못생긴 외모로 놀림을 받았던 경험으로부터는 『미운 오리 새끼』를 탄생시켰습니다. 삶에 다가온 역경과 도전을 피할 수는 없었지만, 이를 딛고 일어나 멋진 도약을 이루었습니다. 걸림돌을 디딤돌로 바꾼 것입니다. 긍정적인 사람은 삶의 어떤 고난도 승화시키며 하나님의 꿈을 이루어갈 수 있습니다.

당신의 긍정지수(PQ, Positivity Quotient)를 높이라

사람마다 지능지수IQ나 감성지수EQ가 다른 것처럼, 긍정지수PQ, Positivity Quotient도 각각 다릅니다. 개인의 긍정지수를 높이면 그 인생과 믿음 생활에 의미 있는 변화가 일어나고, 공동체의 긍정지수를 높이면 그 공동체가 새로워지고 원대한 목표를 이루어갈 수 있게 됩니다. 앞에서 절대긍정의 원리가 가져다주는 삶의 변화를 이야기했다면 여기서는 자신의 긍정지수를 스스로 평가하고 높이는 법에 대해 말씀드리고자 합니다. 먼저 하나님을 향한 절대긍정의 믿음에 기초한 오중긍정Five-fold positivity을 함께 나누고 싶습니다.

여기서 가장 중요한 것은 자기 자신에 대한 긍정입니다. 모든 생각은 자기 자신으로부터 시작합니다. 자신을 먼저 긍정하지 않으면 우리는 타인이나 공동체를 바르게 긍정할 수 없습니다. 둘째는, 타인에 대한 긍정입니다. 성경은 "존경하기를 서로 먼저 하라"롬 12:10고 말합니다. 성공적인 대인관계의 기초는 상대방에 대한 존중과 긍정입니다. 셋째는, 일에 대한 긍정입니다. 내가 하는 일에 대한 긍정과 사명감이 있어야 합니다. 가정에서나 직장에서나 교회에서 내가 맡은 일에 대하여 긍정의 자세를 가질 때 기쁨이 임하고 좋은 성과를 낼 수 있습니다. 넷째는, 환경에 대한 긍정입니다. 인생을 살다 보면 크고 작은 문제와 어려움을 만나게 되는데 이때 문제에 대한 태도가 중요합니다. 믿음의 사람들은 문제를 만났을 때, 문제보다 크신 하나님을 바라보며 믿음으로 승리했습니다. 아울러 내가 속한 공동체에 대한 긍정적인 생각도 중요한데, 자신이 속한 교회나 회사에 대한 긍정성은 신앙과 업무, 행복에 큰 영향을 미칩니다. 마지막은 미래에 대한 긍정입니다. 인생은 꿈꾸고 바라보는 대로 이루어집니다. 그만큼 미래에 대한 기대감을 가져야 합니다. 하나님의 꿈을 품고 믿음으로 전진해 나가면 반드시 좋은 일이 일어나게 될 것입니다.

이러한 오중긍정의 무장을 위해서는 세 가지 훈련삼중훈련이 중요합니다. 첫째, 긍정언어의 선포와 훈련이 중요합니다. 자기 자신, 타인, 내가 하는 일, 환경, 미래를 긍정의 언어로 선포하면 자신과 내가 속한 공동체는 놀라운 변화를 경험할 수 있습니다. 둘째, 절대감사의 훈련이 중요합니다. 무슨 일을 하든지 감사의 태도를 갖고 감사의 고백을 하는 것이 필요합니다. 매일 감사하는 자에게 하나님께서 베푸시는 기적이 일어납니다. 셋째, 사랑나눔의 훈련을 해야 합니다. 우울한 자, 문제를 일으키는 자는 자기 내면이나 자기의 감정에만 초점을 둡니다. 이런 사람은 더 불행해질 확률이 큽니다. 그러나 사랑을 나누기 시작하면 긍정적인 사람이 될 수 있고 또 긍정적인 사람이 더 사랑을 나눌 수 있습니다.

오중긍정과 삼중훈련의 원천은 바로 하나님에 대한 긍정에 있습니다. 하나님에 대한 긍정의 마음을 가진 사람은 모든 일에 긍정적일 수 있습니다. 하나님은 절대긍정의 하나님이십니다. 하나님을 믿고 따르는 모든 자는 절대긍정의 샘에서 끊임없는 긍정의 생수를 공급받을 수 있습니다.

절대긍정 다이어그램

절대긍정의
하나님에 대한 긍정

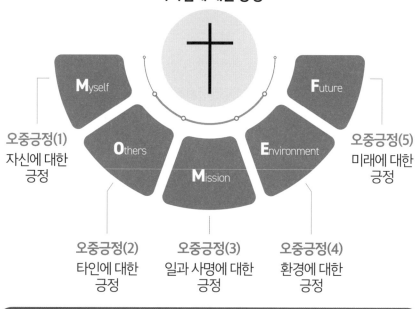

오중긍정(1)
자신에 대한
긍정

Myself

Others

Mission

Environment

Future

오중긍정(5)
미래에 대한
긍정

오중긍정(2)
타인에 대한
긍정

오중긍정(3)
일과 사명에 대한
긍정

오중긍정(4)
환경에 대한
긍정

오중긍정과 삼중훈련(MOMEF PTS)

삼중훈련(1)
긍정언어의 훈련

삼중훈련(2)
절대감사의 훈련

삼중훈련(3)
사랑나눔의 훈련

Proclamation
of Positive Words

Thanksgiving
Under Any Circumstances

Sharing
the Love of God

Positivity **Q**uotient Check List

절대긍정지수 체크 리스트 ☑

당신의 긍정태도지수(PQ)는?
각 문항을 읽고 해당하는 칸에 체크해 봅니다.

측정 문항	전혀 아니다	아니다	보통 이다	그렇다	매우 그렇다
	1점	2점	3점	4점	5점
1. 스트레스를 받을 때 긍정적으로 생각하며 극복하는 편이다.					
2. 부정적인 감정으로 삶의 태도나 방향을 결정하지 않는다.					
3. 고난과 역경을 경험해도 거기서 교훈을 얻고 다시 일어난다.					
4. 평소에 긍정의 힘을 믿고 많이 의식하는 편이다.					
5. 남은 인생과 미래에 대해 큰 기대감을 가지고 있다.					
6. 환경이나 사람들을 바라볼 때 어두운 면보다는 밝은 면을 더 보기 위해 노력하는 편이다.					
7. 내가 잘되는 모습이나 성공하는 모습을 시각화하며 바라본다.					
8. 내 주위에 부정적인 말을 하는 사람보다는 긍정적인 말을 하는 사람이 모여드는 편이다.					
9. 무엇인가를 시작하기 전에 실패할 것 같다고 생각하지 않는다.					
10. 내 안에 사랑과 긍정의 에너지가 많은 편이다.					

각 문항마다 체크한 점수를 합산합니다.
긍정태도지수 합계 (   )점

우리가 알거니와 하나님을 사랑하는 자
곧 그의 뜻대로 부르심을 입은 자들에게는
모든 것이 합력하여 선을 이루느니라
로마서 8장 28절

Chapter 02

—

절대긍정의
하나님에
대한 긍정

The Miracle of
Absolute Positivity

절대긍정의
하나님에 대한 긍정

> 불가능이라는 말을 절대 말하지 말라.
> 그냥 쓰레기통에 던져버려라.
> - 괴테

저는 영적 멘토이신 조용기 목사님께 성령충만의 중요성과 절대긍정의 믿음을 배웠습니다. 조용기 목사님은 항상 성령충만을 사모하며 열정적으로 기도하셨고 절대긍정의 믿음으로 하나님 말씀을 가까이 하셨습니다. 이 두 가지가 제 삶과 신앙을 지탱하는 중요한 축으로 자리 잡게 된 만큼 저는 항상 이 두 가지가 균형을 이루도록 노력해 왔습니다. 성령충만과 절대긍정의 믿음이 함께 어우러질 때, 어디에서 어떤 일을 맡아도 다 잘할 수 있음을 경험했기 때문입니다.

좋으신 하나님을 통해
누리는 절대긍정

가장 먼저 알아야 할 것은 하나님이 절대긍정의 하나님이시라는 사실입니다. 언제나 긍정적이신 우리 하나님은 언제나 좋으신 하나님이십니다. 기독교 신앙은 좋으신 하나님에 대한 믿음에서 출발합니다. 하나님은 천지 만물과 인간을 창조하신 후, 보시기에 아주 좋다고 말씀하셨습니다. "하나님이 지으신 그 모든 것을 보시니 보시기에 심히 좋았더라"창 1:31 비록 인간은 교만과 불순종의 죄로 타락했지만, 하나님은 그가 지으신 인간과 세상을 사랑하셔서 그리스도 안에서 새롭게 창조하기로 결정하셨습니다엡 1:4.

기독교 신앙은 하나님의 말씀과 예수님의 십자가를 중심으로 한 절대긍정의 신앙입니다. 예수 그리스도의 복음을 들여다보면 어디에도 부정적인 요소가 없습니다. 십자가의 복음은 완전하고 충만한 복음Full Gospel이자, 우리 모두를 향한 절대긍정의 메시지입니다. 하나님은 사랑하는 우리가 영혼이 잘되고 범사가 잘되고 영육 간에 강건하길 원하십니다요삼 1:2. 얼마나 우리를 사랑하시는지, 예수 그리스도의 십자가를 통하여 온 인류에게 가장 기쁘고 복된 소식Gospel을 우리에게 주셨습니다. 예수님을 믿으면 구원과 영생을 얻고중생의 복음, 주님의 영으로 충만함을 받으며성령충만의 복음, 회복과 영육 간의 치유를 받고신유의 복음, 범사가 잘되며축복의 복음, 예수님의 재림 후에 천국 소망을 가지고 천국에 들어가게 된다재림의 복음는 좋은 소식을 전해 주신 것입니다.

우리는 십자가를 통해 전해진 오중복음을 굳게 붙들어야 합니다. 우리를 낙심하게 하고 절망하게 하는 생각들과 싸워야 합니다. 좋으신 하나님, 선하신 하나님, 신실하신 하나님, 사랑의 하나님을 바라보며 절대긍정의 믿음으로 전진해야 합니다. 제가 좋아하는 성경 구절 중 하나가 로마서 8장 28절의 말씀입니다. 이 말씀에는 하나님의 절대 주권적 역사 가운데 모든 것이 합력하여 선을 이룬다는 절대긍정의 메시지가 담겨 있습니다.

"우리가 알거니와 하나님을 사랑하는 자 곧 그의 뜻대로 부르심을 입은 자들에게는 모든 것이 합력하여 선을 이루느니라"_ 로마서 8:28

하나님의 주권적 사랑, 그 속의 절대긍정

성경의 주인공은 예수 그리스도시고 성경의 주제는 하나님의 사랑입니다. 우리가 힘들고 낙심했을 때, 혹은 고난 가운데 있을 때 성경을 읽음으로써 하나님의 사랑의 음성을 들을 수 있습니다. 대표적인 성경 구절이

기독교 복음의 핵심 구절이라고 할 수 있는 요한복음 3장 16절입니다.

> "하나님이 세상을 이처럼 사랑하사 독생자를 주셨으니 이는 그를 믿는 자마
> 다 멸망하지 않고 영생을 얻게 하려 하심이라" _ 요한복음 3:16

하나님은 죄인이자 실수와 허물로 가득한 우리를, 심지어 하나님을 알지도 못하던 우리를 먼저 사랑해 주셨습니다. 그 아들 예수 그리스도께서 나의 죗값을 대신 치르셨습니다.

> "우리가 사랑함은 그가 먼저 우리를 사랑하셨음이라" _ 요한일서 4:19

이 사실만으로도 우리는 절대긍정의 믿음을 가질 수 있습니다. 우리를 향한 하나님의 무한한 사랑을 깨달았기에 그분을 사랑할 수 있습니다. 아무리 큰 고통과 절망과 괴로움이 찾아온다 해도 절대긍정의 믿음으로 하나님을 바라볼 수 있습니다.

하나님을 사랑하는 사람은 절대긍정의 삶을 살 수 있습니다. 타락한 인간은 죄에 오염되었기 때문에, 자기 안에서는 긍정적인 것을 찾을 수 없습니다. 하지만 예수님의 십자가는 우리의 부정-을 긍정+으로 바꾸셨습니다. 따라서 우리는 사방으로 욱여쌈을 당할지라도, 하늘에 계신 사랑

의 하나님을 믿고 바라보기만 한다면 절대긍정의 믿음으로 승리할 수 있습니다.

하나님은 만세 전에 우리를 택하여 부르시고 사랑하는 자녀로 삼아주셨습니다. 이사야 43장 1절 말씀이 이 사실을 확증합니다.

"야곱아 너를 창조하신 여호와야훼께서 지금 말씀하시느니라 이스라엘아 너를 지으신 이가 말씀하시느니라 너는 두려워하지 말라 내가 너를 구속하였고 내가 너를 지명하여 불렀나니 너는 내 것이라" _ 이사야 43:1

조용기 목사님이 사역 가운데 강조하신 4차원의 영성은 하나님의 생각, 하나님의 믿음, 하나님의 꿈, 그리고 하나님의 말입니다. 저는 4차원의 영성의 핵심이 바로 '하나님의 절대긍정의 사랑'이라고 생각합니다. 절대긍정의 사랑을 깨닫고 성령으로 충만하면 하나님의 생각과 믿음과 꿈과 말로 무장하게 되고 하나님의 사명을 감당할 수 있게 될 것입니다.

저는 이전에 「아름다운 동행」이라는 신문에서 17가지 장애를 가진 김다니엘에 대한 기사를 본 적이 있습니다. 아이는 크로즌씨 증후군Crouzon's disease이라는 희귀병으로 인해 두개골이 성장하지 않아 안구돌출, 호흡장애, 뇌압 항진증 등 17가지의 질병을 앓고 있었습니다. 의사들은 살아날 가망이 없다고 했습니다. 설령 이 아이가 산다 해도 보지도 못하고 듣지도 못하고 걷지도 못할 것이라고 했습니다. 실제로 그는 여섯 살까지는 코로 호스를 넣어서 음식을 먹었고, 여덟 살 때 처음으로 걸었다고 합니다. 말을 한마디 하려면, 목에 꽂힌 관을 손가락으로 누르고 말을 해야 한다고 합니다. 그런데도 이 아이는 자신이 늘 행복하다고 말합니다. 감사하다고 고백합니다. 그 아이는 수술을 수십 번 받으면서 청소년이 되었고 이제 보고 듣고 말할 뿐 아니라 걷기도 하고 뛰기도 합니다. 앞으로 병원 목사님이 되어 자기처럼 병으로 힘든 사람을 도와주고 위로해 주고 싶다는 포부까지 전합니다. 한 가지 장애나 문제만 있어도 원망과 불평이 나올텐데 이 아이는 17가지 장애를 가지고도 이렇게 고백했습니다. "나는 행복합니다. 나는 감사합니다. 하나님이 나를 사랑하시기 때문입니다."

어둠 속에서도 긍정의 빛을 보이시는 하나님

아이들이 좋아하는 미술 놀이 중에 모자이크가 있습니다. 색종이를 뜯어 무늬를 만들거나 그림을 그리는 방식으로 모자이크를 완성할 수 있습니다. 모자이크를 할 때는 밝은 색종이와 어두운 색종이가 모두 필요합니다. 밝고 화사한 색만으로는 멋진 그림을 만들 수 없습니다. 밝은 색과 어두운 색을 잘 활용하고 배치해야 아름다운 작품이 탄생합니다. 우리 인생도 마찬가지입니다. 우리를 힘들게 했던 일, 눈물짓게 했던 사람, 상처가 된 아픈 기억들이 모두 합하여 인생이라는 멋진 그림을 그릴 수 있습니다.

이런 질문을 하는 분들이 있습니다. 하나님이 살아 계신다면, 하나님이 사랑의 하나님이시라면 이 땅에 고난과 악이 왜 이렇게 많은가? 하지만 분명 우리는 고난 속에서도 하나님의 진리와 사랑을 발견할 수 있습니다. 악을 선으로 바꾸시는 하나님의 선하심과 그분의 능력을 경험할 수 있습니다. 선악 간의 모든 배후에도 하나님의 손길이 있음을 깨닫게 됩니다.

"나는 빛도 짓고 어둠도 창조하며 나는 평안도 짓고 환난도 창조하나니 나는 여호와야훼라 이 모든 일들을 행하는 자니라 하였노라" _ 이사야 45:7

빛도 하나님의 손에서 창조되고 어둠도 하나님의 손에서 창조됩니다. 평안도 하나님이 지으시고 환난도 하나님이 지으십니다. 그러므로 밝을 때나 어두울 때나 평안할 때나 곤고할 때나 우리는 하나님께 모든 것을 다 맡겨야 합니다. 그런 자들의 삶 속에서 하나님은 모든 일에 합력하여 선을 이루십니다.

하나님은 선한 일의 배후에서도 역사하시고 악한 일의 배후에서도 선한 역사를 이루십니다. 이집트의 바로 왕이 사내아이들을 다 죽일 때도 모세는 살아남았고 공주의 양자가 되어서 하나님의 일을 성취해 갔습니다. 죄가 없으신 예수님께서 십자가에 못 박혀 죽으신 것 또한 역사상 가장 악한 일로 보일 수 있을 것입니다. 유대인들과 로마 총독 빌라도가 힘과 마음을 합하여 하나님의 아들을 십자가에 죽임으로 최악의 상황을 만들어버렸기 때문입니다. 그런데 하나님의 섭리 안에서는 이것이 최선의 사건이 되어버렸습니다. 그 사건으로 온 인류가 예수님을 통하여 믿음으로 구원받고 영생의 복을 누리게 된 것입니다. 이처럼 마귀가 최악을 만든다고 할지라도 하나님은 그것을 최선으로 만드실 수 있습니다.

마음을 어떻게 먹느냐에 따라 말도 달라집니다. 표정도 달라지고 행동도 달라집니다. 가치관과 신앙도 달라집니다. 결국 마음에 따라 인생이 달라지는 것입니다. 우리 마음에 예수님을 향한 믿음을 갖는다는 것은 절대긍정의 사람이 된다는 것을 의미합니다. 성도에게는 실패가 실패가 아니며, 절망이 절망이 아닙니다. 요셉에게는 고난의 13년이 실패가 아니었고, 오히려 하나님의 예비된 축복을 향해 나가는 길이 되었습니다. 자기를 살리고 민족을 살리는 길이 되었습니다. 고난은 변장한 축복disguised blessing입니다.

꿈꾸는 사람 요셉은 꿈 때문에 환난도 많이 겪어야 했습니다. 형들에게 배신을 당해 노예로 팔려 갔고 억울하게 감옥살이도 했습니다. 하지만 요셉은 모든 역경 가운데에도 오직 하나님을 의지하며 기도했습니다. 결국 그 환난들이 합해져 합력하여 선을 이루어 애굽의 총리가 되었습니다. 훗날, 아버지가 돌아가시고 그 형들이 요셉의 복수를 두려워할 때 요셉은 이렇게 고백했습니다.

> "당신들은 나를 해하려 하였으나 하나님은 그것을 선으로 바꾸사 오늘과 같이 많은 백성의 생명을 구원하게 하시려 하셨나니" _ 창세기 50:20

형들이 자신을 나쁘게 대했지만, 하나님은 그것을 좋은 결과로 바꾸어 주셨다고 말한 것입니다. 모든 것이 하나님의 섭리라고 요셉은 절대긍정의 믿음으로 고백한 것입니다. 그러므로 힘들 때 원망하거나 불평하지 말고 하나님의 주권적 사랑과 섭리를 믿고 기도해야 합니다.

동방의 의로운 사람인 욥은 재산을 잃고 가족도 잃고 건강마저 잃는 극심한 고난을 겪었습니다. 그의 아내가 "하나님을 원망하고 죽으라"고 말할 정도로 엄청난 고난에 던져지게 된 것입니다. 하지만 그는 이 모든 상황 속에서도 범죄하지 않았고 하나님을 향하여 원망하지 않았습니다 욥 1:22. 하나님이 그런 욥을 어찌 기뻐하지 않으실 수 있으셨을까요? 욥의 긍정의 신앙이 결국 모든 어려움을 이겨내고 갑절의 축복을 받는 원천이 된 것입니다욥 42:10.

아무리 삶이 고달프고 힘들어도 절대긍정의 믿음을 가지면 모든 일에 합력하여 선을 이루시는 하나님의 역사를 경험하게 됩니다. 하나님은 우리를 복되게 하시고 꿈과 소망을 주기 원하십니다.

"여호와야훼의 말씀이니라 너희를 향한 나의 생각을 내가 아나니 평안이요 재앙이 아니니라 너희에게 미래와 희망을 주는 것이니라"_ 예레미야 29:11

기도하는 인생에 손해는 없다

우리는 기도를 해놓고 잊어버릴 수 있습니다. 하지만 하나님은 잊지 않고 응답해 주십니다. 하나님은 응답을 '예스Yes, 좋다', '노No, 아니다', '웨이트Wait, 기다리라' 세 가지로 주십니다. 하나님께서는 하나님의 뜻대로 간구하는 모든 기도를 하나님의 때에 '예스'로 응답하십니다. 하나님께 열심히 기도 드렸는데 아직 응답해 주시지 않는 것 같다면 어떻게 해야 할까요? 이 상황에서도 긍정의 생각과 믿음으로 기다려야 합니다. 여러분이 생각하는 것보다 훨씬 더 좋은 것을 하나님이 예비해 두셨기 때문입니다. 그리고 정한 때에 더 좋은 것을 우리에게 주시기 때문입니다.

작정 기도를 했는데 여러분이 원하는 때에 응답이 오지 않았다면, 그것은 하나님이 응답하지 않으신 것이 아닙니다. 지금보다 더 좋은 때가 있어 지금 당장 응답 되지 않은 것일 수도 있습니다. 하나님은 더 좋은 계획, 아니 가장 좋은 계획을 갖고 계십니다. 그러므로 응답받지 못한 기도를 하나님의 거절이라고 생각해선 안 됩니다. 이 말을 기억하시기 바랍니다. "하나님께 기도를 드려서 손해 보는 경우는 한 번도 없다."

제가 미국 베데스다대학교 총장으로 섬길 때 미국하나님의성회 신학대학원 총장이신 델타 박사님이 오셔서 다음의 이야기를 들려주셨습니다. 박사님이 서아프리카 토고에서 신학교 사역을 하실 때의 이야기입니다. 나이 많고 말이 어눌한 학생이 간신히 신학교를 졸업한 뒤 교회를 개척하러 한 마을로 갔는데 그 마을의 추장이 무당을 겸하고 있어 전도가 쉽지 않았다고 합니다. 결국 8년 동안 3명의 신자밖에 얻지 못한 그 사역자는 이 곳에서는 더 이상 희망이 없다고 생각하고 다른 곳에 가려고 짐을 쌌습니다. 그런데 마을을 벗어나면서 마지막으로 기도할 때 하나님의 음성이 들려왔습니다. "내가 언제 떠나라고 했느냐?"

그가 눈물로 회개하고 마을로 돌아왔는데 집 마당에 추장 아들이 담요에 싸인 채 열병으로 죽어가고 있었습니다. 그리고 그 옆에는 추장의 메모가 있었습니다. "네가 믿는 신 예수가 병을 고친다니 내 아들을 살려

내라. 만일 내 아들이 죽으면 너도 8년간 거짓말만 했으니 죽는다." 그는 온 힘을 다해 간절히 기도했습니다. 그러자 기적이 일어났습니다. 아들의 정신이 돌아온 것입니다. 그 역사로 추장 가족을 비롯해 한 달 만에 마을 사람 1,800명 중 1,400명이 예수님을 믿게 되었습니다.

예수 그리스도는 어제나 오늘이나 영원토록 동일하십니다. 예수님은 지금도 살아 역사하시고 우리와 함께하십니다. 따라서 자신의 상황을 바라보고 포기하지 마십시오. 약속의 말씀을 붙잡고 믿음으로 나아갈 때 주께서 가장 좋은 때에, 가장 좋은 방법으로 역사하실 것입니다.

우리가 믿음으로 드리는 기도 가운데 손해가 되는 것은 하나도 없습니다. 하나님의 때에 모든 것이 아름답게 변화될 것입니다. 어두운 밤이 지나고 나면 밝은 아침이 오게 마련입니다. 그러므로 하나님의 신실한 사랑의 마음을 믿어야 합니다. 사도 바울은 고린도 교회 성도들에게 보낸 편지에서 "하나님은 미쁘시니라"고후 1:18고 말했습니다. 이 말씀을 다시 풀면, '하나님은 당신을 신실하게 믿는 모든 자들에게 절대 실망을 주지 않으시는 분'이라는 의미를 갖습니다. 그렇습니다. 절대긍정의 하나님을 믿으면 우리도 언제나 승리할 수 있습니다고전 15:57.

기적을 부르는
절대긍정의 믿음

저는 1982년 7월 31일에 미국으로 유학을 떠났습니다. 유학 생활을 시작한 지 3년 정도가 지났을 무렵 예상치 못한 일이 벌어졌습니다. 1985년 2월 첫 주일에 워싱턴에 있는 한 순복음교회의 담임목사님이 갑작스럽게 사임을 하시면서 제가 그 교회를 섬기게 된 것입니다. 저는 하나님께 어떻게 사역해야 할지 기도했습니다. 그러자 하나님은 올바른 목자상을 세울 것과 교회를 건축할 것을 명하셨습니다. 하지만 정작 교회에 가봤더니 도저히 건축할 수 있는 상황이 아니었습니다.

제가 부임하고 처음 드린 금요철야 예배 때 단지 세 명의 성도만이 참석했습니다. 모든 성도에게 연락을 하자 그다음 주일 예배에는 총 57명의 성도가 참석했습니다. 또한 당시 교회 재정은 1만 4천 달러로 당시 환율로 환산하면 한화 1천 2백만 원이 전부였는데, 그 시기 교회를 건축하기 위해서는 최소 30억 원이 필요했습니다. 건축을 시작조차 할 수 없는 상황이었습니다. 하지만 저는 절대긍정의 믿음으로 기도하며 성도들과 함께 꿈을 꾸었습니다. 교회 건축을 위해서 믿고 구하며 부르짖었습니다. 그리고 주일마다 성도들에게 "교회가 건축이 되었습니다"라고 믿음으로 선포하며 서로 인사를 나누게 했습니다.

놀랍게도 하나님은 복을 주시고 길을 열어 주셨습니다. 처음 꿈을 꾼 시기로부터 약 6년이 흐른 후엔 아름다운 교회가 건축되었습니다. 약 3천 평의 땅을 사서 1천 명을 수용할 수 있는 교회를 완공할 수 있게 되었고, 공사비와 대지 구입비 270만 달러를 은행 융자 없이 헌금만으로 감당할 수 있었습니다. 처음엔 빈손으로 시작했지만, 하나님은 우리의 믿음대로, 꿈대로, 말대로 역사해 주셨습니다.

당시 그곳에서 목회할 때 늘 주의 종과 교회에 대하여 부정적으로 말하며 비난하던 분이 있었습니다. 마음이 너무 아프고 힘들어서 하나님께 이런 하소연도 했습니다. "주님, 이분을 다른 곳으로 보내주시면 안 됩니까? 제가 너무 힘이 드네요." 그러자 주님은 이런 말씀을 주셨습니다. "그 사람이 다른 곳으로 가면 그 사람보다 더한 사람이 올 것이다." 처음엔 무슨 말씀인가 분명하게 이해하지 못했으나, 시간이 조금 지나자 그 상황이 하나님이 저에게 주시는 '가시'라는 것을 알게 되었습니다. 힘든 마음에도 이 분을 위해 항상 기도했는데, 어느 날 주님은 제게 "그 사람을 축복해 주라"고 말씀하셨습니다. 축복하며 기도하자 하나님은 그를 불쌍히 여기는 긍휼의 마음을 부어 주셨습니다. 이런 경험을 통해 하나님의 연단을 이겨내고 다른 사람을 긍휼히 여기며 축복하는 태도를 배울 수 있었습니다. 제가 물질적으로나 육체적·정신적으로 힘들었던 유학 생활을 잘 이겨내고, 그보다 더 힘들 법했던 목회 사역을 견뎌 낼 수 있었던 것은 조용기 목사님께 배운 절대긍정의 믿음 덕분이었습니다.

한 번은 저녁에 한 집사님으로부터 전화가 걸려 왔습니다. 남편이 위독하니 속히 페어팩스 병원으로 와달라고 했습니다. 급히 병원에 가보니 담당 의사는 간경화 악화로 위급한 상태이고 위에 구멍이 8개가 생겨 피가 쏟아지고 있으니 몇 시간 후면 세상을 떠날 것 같다고 전하며 장례를 준비하라고 했습니다. 그 의사의 말에 사위는 장례식장에 문의 전화를 하고 있었습니다. 그래도 기도하기 위하여 중환자실로 들어가려는데 부인 집사님이 저를 붙잡고 말했습니다. "제가 기도하는데 하나님이 말씀하셨어요. 목사님이 와서 기도하면 남편을 고쳐주시겠다고요. 빨리 목사님이 안수해서 남편을 고쳐주세요."

주님은 저에겐 그런 말씀을 주시지 않았지만 상황이 너무나 절박하여 간절히 기도했습니다. 집사님은 기도하는 도중 계속 '아멘'을 외쳤습니다. 그런데 기도를 하고 돌아간 시점부터 기적이 일어나기 시작했습니다. 그날 밤 놀랍게도 출혈이 멈추고, 배에서 복수가 빠지기 시작했고, 의식도 다시 돌아왔습니다. 그날 밤을 넘기지 못할 것이라던 남편은 다음 날 아침에는 일반 병실로 옮겼고, 그 후 30년 이상을 더 살았습니다.

하나님은 기적의 하나님이십니다. 인간이 할 수 없는 일을 하나님은 하십니다. 주님의 옷자락만이라도 만지겠다는 절대긍정의 믿음으로 나아갈 때, 치유와 변화가 일어납니다. 기적을 기대하고 기도하고 기다리면 반드시 기적이 일어납니다.

물이 주인을 만나니
얼굴이 붉어지더라

하나님의 집 주소는 어디일까요? 바로 우리의 마음입니다. 우주를 창조하시고 다스리시는 전능하신 하나님이 우리 마음 안에 살고 계십니다. 그런데 우리는 하나님이 안 계신 것처럼 생각할 때가 많습니다. 부정적인 마음으로 낙담하거나 절망하거나 포기하는 경우가 얼마나 많은지 모릅니다. 이제 우리는 내 안에 계신 긍정의 하나님을 생각하며 다시 용기를 내야 합니다.

제가 이 책에서 강조하는 긍정의 믿음은 자기 최면이나 자기 암시가 아닙니다. 절대긍정의 하나님에 대한 절대적 믿음에 기반을 두는 것입니다. 하나님은 모든 긍정의 원천이십니다. 어떤 사람도 어떤 문제도 어떤 환경도 하나님을 만나게 되면 긍정으로 변화할 수 있습니다.

19세기 영국 케임브리지대학교의 종교학 시험에 이런 문제가 나온 적이 있었습니다. "예수님이 물을 포도주로 바꾼 기적에 대해 논해보시오." 다른 학생들은 열심히 답안을 쓰고 있는데, 한 학생만은 창밖을 응시하고 있었습니다. 그러다 학생은 백지에다가 딱 한 줄을 써놓고 밖으로 나갔습니다. 그런데 그 학생의 답이 케임브리지대학교 신학과 창립 후 전설로 기록되는 만점 답안지가 되었습니다. 그가 쓴 짧은 한 줄은 다음과 같습니다. "물이 주인을 만나니 그 얼굴이 붉어지더라."

전설의 답을 쓴 주인공은 바로 영국의 3대 낭만파 시인 조지 고든 바이런George Gordon Byron입니다. 그가 유럽을 여행하고 발표한 「차일드 해럴드의 순례」1812라는 장편 시는 엄청난 찬사와 인기를 얻었습니다. 그는 이때 이런 소감을 남겼습니다. "어느 날 아침 자고 일어나보니 유명해져 있더라!I awoke one morning and found myself famous!"

인생의 주인을 만날 때 삶의 변화가 시작됩니다. 요한복음 2장에 보면 가나의 혼인 잔치에서 포도주가 떨어지는 사건이 등장합니다. 누가 보아도 결핍과 원망의 자리로 보이는 상황이었습니다. 그러나 그곳에서 예수님은 물을 포도주로 바꾸는 놀라운 표적을 보이셨습니다. 그리고 그 잔치에 있는 모든 사람은 기쁨과 은혜를 맛볼 수 있었습니다. 우리가 삶의 주인이신 하나님을 만나면 최악의 상황에도 최고의 결과를 얻을 수 있습니다.

절대긍정의 우리 하나님은 길이 없는 곳에 길을 만들고 닫힌 문을 여는 분이십니다. 그러므로 부정적인 환경이나 고난과 어려움이 다가와도 결코 낙심하거나 절망할 필요는 없습니다. 오직 절대긍정의 하나님을 믿고 나가면 됩니다. 하나님을 예배하고 의지하면 우리 인생의 모든 것이 하나님의 손에 달려 있음을 알게 됩니다.

따라서 슬퍼하거나 낙심할 필요가 없습니다. 나쁜 것은 좋게, 좋은 것은 더 좋게 만드시는 하나님을 바라볼 때, 나 자신을 긍정하고 타인을 긍정하게 됩니다. 내가 하는 일을 긍정하고 내 환경을 긍정하고 미래에 대해 긍정하게 됩니다. 이 책을 읽고 계신 여러분 모두 긍정의 믿음을 가진 사람으로 새롭게 세워지길 소망합니다.

Positivity **Q**uotient Check List

절대긍정지수 체크 리스트 ☑

당신의 긍정믿음지수(PQ)는?

각 문항을 읽고 해당하는 칸에 체크해 봅니다.

측정 문항	전혀 아니다	아니다	보통 이다	그렇다	매우 그렇다
	1점	2점	3점	4점	5점
1. 내 인생에서 하나님은 가장 중요한 분이시고 내가 가장 사랑하는 분이라고 생각한다.					
2. 기도할 때 하나님이 내 옆에 가까이 계시다고 믿는다.					
3. 예수 그리스도의 십자가가 하나님의 절대긍정의 사랑을 보여준다고 믿는다.					
4. 어떤 고난과 어려움이 있어도 하나님이 계시기에 낙심하지 않는다.					
5. 매일 하나님과 교제하고 대화한다.					
6. 바라는 것이 빨리 이루어지지 않을 때 조급하게 생각하기보다는 '하나님의 때가 있을 거야'라고 생각하며 참는다.					
7. 믿음 생활하면서 하나님의 사랑을 크게 감격하며 느낀다.					
8. 기도할 때 내 안의 낙심과 부정적인 생각이 사라지는 것을 자주 경험한다.					
9. 하나님의 말씀을 매일 읽고 묵상하고 있다.					
10. 선할 때나 악할 때나 평안할 때나 곤고할 때나 다 하나님의 주권 아래에 있다고 믿는다.					

각 문항마다 체크한 점수를 합산합니다.

긍정믿음지수 합계 (   )점

The Miracle of
Absolute Positivity

내가 주께 감사하옴은
나를 지으심이 심히 기묘하심이라
주께서 하시는 일이 기이함을
내 영혼이 잘 아나이다

시편 139편 14절

오중긍정(1): 자신에 대한 긍정

The Miracle of
Absolute Positivity

오중긍정(1):
자신에 대한 긍정

만약 당신이 긍정적인 마음을 가진다면
장애물obstacle 대신 기회opportunity를 볼 수 있게 될 것이다.
- 위다드 아크라위

저는 45년 가까이 목회하며 수많은 사람을 만났습니다. 많은 목회자
와 성도를 만났고 다양한 직업군의 사람들도 만났습니다. 그 만남 속에서
느낀 것은 자화상과 자기 긍정의 문제가 인생과 신앙의 성숙에 아주 지대
한 영향을 미친다는 사실이었습니다.

자기 긍정이 삶의 행복을 좌우합니다. 실패와 성공의 출발점이 될 수
있습니다. 자기 긍정의 수준은 자신의 자화상을 어떻게 그리는지와 직결
되고, 기도의 수준을 좌우하기까지 합니다. 곧 믿음의 성장 여부에도 영

향을 미칩니다. 따라서 절대긍정의 오중긍정 중 첫 번째이자 가장 중요한 요소는 바로 자기 긍정이라고 볼 수 있습니다.

자기 긍정과 자존감의 중요성

비교급 인생은 행복하지 않습니다. 다른 사람과 비교해서 내가 행복한 것이 아니라 하나님이 원하시는 최상급 인생을 살 때 진정한 행복을 누릴 수 있습니다. 사단은 하나님의 영광을 방해하는 것은 물론 인간을 불행하고 비참하게 만들려고 합니다. 그래서 끊임없이 인간의 생각과 자화상을 공격합니다. 부정적인 생각과 낮은 자존감low self-esteem을 갖게 하고, 상처에 대한 매임과 분노, 비교의식, 좌절감, 열등감 등을 마음에 심습니다. 잠언 4장 23절에 "모든 지킬 만한 것 중에 더욱 네 마음을 지키라 생명의 근원이 이에서 남이니라"는 말씀도 우리가 지켜야 할 생각의 중요성에 대해 가르칩니다.

하나님의 눈으로 자신을 바라보지 못하면 자신의 가치와 인생의 의미를 깨달을 수 없습니다. 비교의식으로 인한 빈곤 의식에 빠지게 됩니다. 실제로 자신을 존중하고 사랑하지 못하는 사람은 과식, 마약 복용, 성적 방종, 알코올, 도박, 게임 중독 등 세상의 쾌락을 추구함으로써 잠시나마 괴로움을 잊으려고 합니다. 이런 행위는 위안을 주기는커녕, 오히려 자신에 대한 미움을 증대시키고 더 큰 괴로움을 초래합니다. 한국에도 우울증 환자가 300만 명이 넘는다고 보고되고 있는데, 조사에 의하면 우울증의 제1요인이 바로 '열등한 자아상inferior self-image'이라고 합니다.

자기 긍정은 '자기 효능감self-efficacy'과 연관됩니다. 자기 효능감은 캐나다의 심리학자인 앨버트 밴듀라Albert Bandura가 제시한 개념으로, 자신에게 주어진 상황에서 적절한 행동을 할 수 있다는 기대와 신념을 말합니다. 자기 효능감은 주어진 과업의 성취도는 물론 인생의 성공과 행복에도 깊은 관련이 있다고 합니다. 자기 효능감이 높은 사람은 노력과 끈기가 있는 사람으로 성장해 나가기 때문입니다.

영국의 심리학자인 J. A. 하드필드James Hadfield 박사는 '자신감Confidence'에 대한 연구에서 자기 자신에게 "넌 틀렸어. 아무것도 할 수 없어. 이젠 끝났어"라고 말하며 좌절할 때는 자기 능력의 30퍼센트도 발휘할 수 없다고 말합니다. 반대로 "넌 할 수 있어. 넌 특별한 사람이야"라며 자신감을 가지면 실제 능력의 150퍼센트까지도 발휘할 수 있다고 말합니다.

자기 효능감으로 인한 자기 긍정은 하나님에 대한 절대긍정의 믿음으로부터 나옵니다. 미국이 낳은 위대한 찬송시 작가인 화니 크로스비F. J.

Crosby는 생후 6주가 되었을 때, 돌팔이 의사가 처방한 약을 염증이 난 눈에 발랐다가 그 후유증으로 시력을 상실했습니다. 평생을 시각 장애인으로 살아가게 된 상황은 자신의 실수나 잘못 때문도 아니었고 스스로 선택한 고난 때문도 아니었습니다. 그녀의 입장에서는 충분히 돌팔이 의사나 부모를 원망할 수 있을 억울한 상황이었고 낙담과 절망으로 불행한 삶이 될 수 있는 처지였습니다. 그러나 크로스비는 하나님을 만났고 하나님을 향한 진실한 믿음으로 모든 장애와 불행을 극복해 나갔습니다. 비록 육신의 눈은 앞을 보지 못했지만 영의 눈으로 하나님을 바라보았고 평생 하나님을 사랑하고 찬양하는 삶을 살았습니다.

그녀는 무려 95세까지 장수하면서 9천 편 이상의 찬송시를 짓게 됩니다. '인애하신 구세주여', '주의 음성을 내가 들으니', '슬픈 마음 있는 사람', '나의 영원하신 기업', '예수로 나의 구주 삼고' 등 주옥같은 찬송시들을 지었습니다. 그중에 '나의 갈 길 다 가도록'찬송가 384장이라는 찬송이 있습니다.

나의 갈 길 다 가도록 예수 인도하시니
내 주 안에 있는 긍휼 어찌 의심하리요
믿음으로 사는 자는 하늘 위로받겠네
무슨 일을 만나든지 만사형통하리라
무슨 일을 만나든지 만사형통하리라

이 찬송은 지금도 수많은 사람에게 큰 위로와 소망과 기쁨을 안겨주고 있습니다. 크로스비 여사와 함께하시고 슬픔을 기쁨으로 바꾸시고 고통을 노래로 바꾸신 하나님께서는 지금 우리의 인생도 책임져 주십니다. 절대긍정의 믿음으로 나갈 때 하나님이 함께하시고 만사형통의 기적을 베풀어 주십니다.

나는 하나님의 걸작품

자신을 긍정하고 사랑하려면 자기 모습을 있는 그대로 받아들여야 합니다. 그대로 받아들이는 것의 핵심은 내가 창조주 하나님의 걸작품임을 깨닫는 것입니다. 유명한 작곡가가 만든 악보나 유명한 화가가 그린 그림은 모두 명작이 됩니다. 우리 눈에는 낙서나 메모처럼 보이는 것도 귀중한 가치를 가진 작품으로 인정받습니다. 마찬가지로 전능하신 창조주 하나님이 우리를 직접 만드셨다는 이유 하나만으로도 우리 한 사람 한 사람은 하나님의 걸작품입니다. "내가 주께 감사하옴은 나를 지으심이 심히 기묘하심이라"시 139:14 성경은 우리 각자가 너무나도 오묘하고 위대하게 만들어진 작품이라고 말합니다.

인간의 몸 자체도 얼마나 오묘하게 창조가 되었는지 생각해 본 적이 있습니까? 자동차를 만드는 데 1만 3천 개의 부속품이 들어가고 비행기를 만드는 데는 300만 개, 그리고 우주 왕복선은 500만 개의 부품이 들어간다고 합니다. 그런데 사람의 몸 안에는 무려 100조 이상의 세포 조직이 있습니다. 인간의 혈관을 한 줄로 연결하면 10만 킬로미터 이상으로 지구를 두 바퀴 반을 돌 수 있는 길이라고 합니다.

성인의 머리카락 수는 평균 10만 개가 되는데, 머리카락 한 가닥이 평균 3킬로그램의 무게를 견딘다고 합니다. 또한 사람 몸의 피는 실제로 물보다 6배나 진하고, 그 피가 몸을 한 바퀴 도는 데에는 46초가 걸리며, 사람 주먹만 한 크기의 심장은 하루 10만 번이 넘게 뛴다고 합니다. 또한 성냥갑 크기 정도의 인간 뼈는 10톤의 무게를 지탱하고, 사람의 위벽은 3일마다 완전히 새로워진다고 합니다. 그리고 사람 피부는 한 달에 한 번씩 바뀌어서 옷을 갈아입게 되는데 평생 1천 번 피부가 새로워진다고 합니다. 사람 눈의 근육은 하루에 10만 번 움직인다고 하는데 좋아하는 사람을 만나면 눈동자가 45퍼센트까지 확장되지만 싫어하는 사람을 만나면 눈동자가 줄어든다고 합니다.

피조 세계와 사람은 하나님의 솜씨를 보여주는 그분의 작품입니다. 그래서 과학자들은 "사람의 인체와 지구는 닮은 꼴"이라고 말하기도 합니다. 해와 달은 사람의 눈, 강이나 물은 피, 숲은 머리카락, 땅은 피부와 살, 금이나 돌은 뼈를 닮았습니다. 우리 몸의 70퍼센트 이상이 수분이듯이 지구도 강과 바다를 포함한 전체 면적의 약 70퍼센트가 물입니다. 몸에 오장육부가 있듯이 지구도 오대양 육대주로 나뉩니다.

아기로 태어나 청년으로 자라고 중년을 지나 노년이 되는 사람의 일생도 꽃 피는 봄, 무성한 녹색의 여름, 열매를 맺는 가을, 눈발즉 백발이 휘날리는 앙상한 겨울로 흐르는 계절과 닮았습니다. "땅을 지으시고 그것을 만드셨으며 그것을 견고하게 하시되 혼돈하게 창조하지 아니하시고 사람이 거주하게 그것을 지으셨으니 나는 여호와야훼라"사 45:18

하나님은 우리 한 사람 한 사람의 형체를 만드셨는데시 139:15, 놀라운 것은 인간의 생김새나 뇌와 장기, 그 모든 것이 독특하다는 것입니다. 파도를 연구하는 분의 말을 들어보면 그 파도가 수억 번을 쳐도 파도 물방울 모양이 다 다르다고 합니다. 겨울에 눈이 그렇게 많이 내려도 눈송이의 모양 하나하나가 다 다르다고 합니다. 바닷가에 모래가 그렇게 많아도 같은 모래 입자가 하나도 없다고 합니다. 이 얼마나 놀라운 사실입니까?

사람도 마찬가지입니다. 이 세상에 똑같이 생긴 사람은 한 사람도 없습니다. 같은 어머니 배 속에서 태어난 형제자매도 다 다릅니다. 쌍둥이도 자세히 보면 다른 면이 있습니다. 각 사람의 머릿결도 다르고, 손톱 모양도 다릅니다. 손금도 다르고, 목소리도 다릅니다. 얼마나 놀랍습니까? 이 세상에 여러분과 같은 사람이 단 한 사람도 없습니다. 우주에서 인류 역사상 여러분 같은 사람은 단 한 사람뿐입니다.

피카소Pablo Ruiz Picasso의 그림 한 점이 수십억 원, 레오나르도 다빈치 Leonardo da Vinci의 「모나리자」도 수백억 원의 가치가 있는데 하나님의 걸 작품인 우리는 얼마나 가치 있겠습니까? 우리는 가장 위대한 창조적 예술가이신 하나님이 직접 만드신 존재입니다. 그러므로 자신의 가치와 아름다움을 인정하고 스스로를 존귀하게 여기며 자부심을 가지고 살아가야 합니다.

십자가 렌즈를 통해 얻는
새로운 자화상

분홍색을 아주 좋아하는 한 왕이 있었습니다. 그래서 궁전의 모든 것을 다 분홍색으로 바꾸라고 명령을 내렸습니다. 왕은 왕실이 온통 분홍색으로 바뀐 것을 보고 마음이 흐뭇했습니다. 그는 더 나아가, 나라 전체를 분홍색으로 바꾸라고 명령했습니다. 신하들은 왕의 명령으로 백성이 사는 집의 지붕도 분홍색으로 바꾸고, 옷들도 분홍색으로 바꾸고, 산들도 다 분홍색으로 바꾸었습니다. 왕은 나라 전체가 분홍색으로 바뀐 모습을 보고 매우 즐거웠습니다. 하지만 하늘은 여전히 파란색이라는 사실이 아쉬웠습니다.

"어떻게 하면 파란 하늘을 분홍 하늘로 바꿀 수 있을까?" 왕은 고민에 빠졌습니다. 아무리 생각해 봐도 하늘의 색깔을 바꿀 방법이 떠오르지 않았습니다. 결국 자기 스승을 찾아가 어떻게 하면 하늘을 분홍색으로 바꿀 수 있는지 알려달라고 요청했습니다. 스승은 왕의 말을 듣고는 일주일만 시간을 달라고 요청했습니다. 일주일 후, 왕은 스승이 어떤 묘책을 주실지 궁금했습니다. 스승은 왕에게 분홍색 안경을 주면서 "이 분홍색 안경을 쓰시면 하늘이 온통 분홍색으로 변할 것입니다"라고 말했습니다. 왕은 분홍색 안경을 쓰고는 너무 신이 났습니다. 스승의 말대로 온 세상이 분홍색으로 보였기 때문입니다.

어떤 렌즈로 자기 자신과 인생을 바라보느냐가 중요합니다. 사랑받지 못하는 존재라는 생각, 좌절과 열등감, 부정적인 생각의 렌즈로는 자기를 존귀하고 가치 있게 볼 수가 없습니다. 하나님이 원하시는 미래를 향해 나아갈 수도 없습니다. 우리가 장착해야 할 렌즈는 바로 예수 그리스도의 십자가 렌즈입니다. 그 렌즈를 통해 자신을 바라봐야 합니다.

우리는 십자가를 통해 두 가지 중요한 진리를 깨달을 수 있습니다. 첫째, 우리의 죗값이 얼마나 큰가를 알 수 있습니다. 우리의 죄는 하나님의 독생자가 아니면 결코 해결될 수 없을 만큼 크고 무거웠습니다. 둘째, 하나님의 사랑이 얼마나 큰지를 알 수 있습니다. 하나님은 자기의 아들을 기꺼이 내어 주실 만큼 우리를 사랑하셨습니다. 십자가는 인간의 커다란 죄악과 하나님의 크신 사랑을 동시에 보여줍니다. 그러므로 십자가 렌즈를 통해 하나님 아버지의 위대한 사랑을 느끼고 나의 자존감을 높여야 합니다.

성경은 우리가 하나님의 택하신 족속이요 왕 같은 제사장들이요 거룩한 나라요 하나님의 소유된 백성이라고 말합니다벧전 2:9. 우리가 하나님의 택함을 받은 것은 무슨 자격이나 공로가 있기 때문이 아닙니다. 하나님이 먼저 죄인 된 우리를 사랑하시고 우리를 불러 자녀 삼아주셨습니다요 15:16; 엡 1:5. 또한 우리는 예수님의 보혈로 왕의 권세를 가지고 하나님 보좌 앞에 나아가는 자들입니다. 우리는 세상과 구별된 거룩한 나라입니다. 하늘나라가 내 안에 있습니다. 유명한 사람이 소유하면 그 가치가 높아지듯이 우리는 하나님의 소유이기에 위대한 가치를 갖고 있습니다사 43:1.

십자가의 렌즈를 통해 나 자신을 보는 것은 긍정적인 자화상을 갖는 것과도 같습니다. 나 같은 죄인 살리신 하나님의 크신 은혜와 사랑을 깨달으면 나의 가치를 알게 되고 이는 절대긍정과 절대감사의 마음으로 살아갈 토대가 됩니다. 그리할 때 우리의 생각과 기도가 달라지고 우리의 꿈과 비전도 달라집니다.

어느 거지의
3가지 소원

마음씨가 곱고 욕심 없는 착한 거지가 있었습니다. 어느 날 하나님이 그 거지에게 나타나셔서 "너의 소원을 무엇이든지 들어줄 테니 세 가지만 말해 보라"고 말씀하셨습니다. 거지는 어떤 소원을 말할지 고민하더니 첫 번째 소원으로 알루미늄 깡통을 갖고 싶다고 했습니다. 알루미늄 깡통이 있으면 구걸할 때 밥과 반찬 등을 많이 담을 수 있기 때문입니다. 하나님은 거지에게 알루미늄 깡통을 허락해 주셨습니다.

하나님은 "이제 다음 두 번째 소원은 무엇이냐"라고 물으셨습니다. 그러자 거지는 이번에는 스테인리스 깡통을 갖고 싶다고 했습니다. 알루미늄 깡통보다 튼튼한 깡통이 필요했던 것입니다. 하나님은 그것도 허락해 주셨습니다.

하나님은 "이제 너의 마지막 소원이 무엇이냐, 구하는 것을 다 들어주겠다"라고 하셨습니다. 거지는 한참 생각한 후에 "하나님 마지막 소원입니다. 제게 보온밥통을 허락해 주옵소서"라고 아뢰었습니다. 구걸로 얻은 밥이나 반찬 등을 담아서 보온을 유지할 밥통이 필요했던 것입니다.

이 거지는 왜 이렇게밖에 구하지 못했을까요? 여전히 거지의 자화상을 가지고 있었기 때문입니다. 전능하신 하나님 앞에 섰지만 거지의 자화상을 갖고 있기에 기도의 수준이 그 정도밖에 되지 못한 것입니다. 긍정적인 미래는 긍정적인 자화상과 긍정적인 생각을 통해서 시작됩니다.

"우리 가운데서 역사하시는 능력대로 우리가 구하거나 생각하는 모든 것에
더 넘치도록 능히 하실 이에게" _ 에베소서 3:20

자화상이 생각의 수준을 좌우하고 기도의 수준을 좌우합니다. 가나안 땅을 탐지하고 돌아와 부정적으로 보고한 열 명의 정탐꾼처럼 "우리는 스스로 보기에도 메뚜기와 같으니"민 13:33라고 생각하면 가나안 땅을 정복할 수가 없습니다. 믿음의 자화상을 갖지 못하면 하나님이 계획하신 미래와 비전을 향해 나아갈 수 없습니다. 이제 우리는 하나님 앞에서 자신의 존귀한 가치를 깨달아야 합니다. 이를 통해 생각과 기도의 수준을 높이게 되길 바랍니다.

자기 긍정과
이웃 사랑

자신에 대해 긍정하고 자신을 사랑하는 사람이 하나님과 다른 사람을 사랑할 수 있습니다. 자신에 대한 태도는 타인을 보는 렌즈와도 같습니다. 볼록 렌즈를 통해 보면 볼록하게 보이고, 오목 렌즈를 통해 보면 오목하게 보이는 원리와 같습니다. 마찬가지로 자기 자신을 사랑의 렌즈로 바라보지 못하는 사람은 다른 사람도 사랑의 눈으로 볼 수 없습니다. 스스로를 보잘것없는 존재로 여기면 다른 사람도 그것을 느끼고 나를 보잘것없이 대하게 될 것입니다.

자기 사랑과 자기중심주의를 혼동해선 안 됩니다. 자기중심주의는 자기 사랑이 아니라 부정적인 자아 이미지의 결과입니다. 철학자 에리히 프롬Erich Pinchas Fromm이 말한 것처럼 이기심과 자기 사랑은 잘못된 자아상의 양극입니다. 반대로 자신의 장점을 부정하고 의식적으로 결점이나 실패한 것만을 드러내는 것은 겸손이 아니라 심리적인 파괴 과정으로 연결됩니다.

자신을 사랑하지 못한다면 남도 사랑할 수 없습니다. 에베소서 5장 28절은 "이와 같이 남편들도 자기 아내 사랑하기를 자기 자신과 같이 할지니 자기 아내를 사랑하는 자는 자기를 사랑하는 것이라"고 말씀합니다. "자기 아내를 사랑하면 자기를 사랑하는 것이다"라는 구절은 '자기를 사랑하는 자가 아내도 사랑할 수 있다'라는 의미가 내포되어 있습니다. 확장해 적용한다면 자기를 사랑하는 자가 남편도 사랑할 수 있고 자녀도 사랑할 수 있고, 자기를 사랑하는 자가 다른 사람도 사랑할 수 있음을 알 수 있습니다.

예수님은 "이웃 사랑하기를 네 몸과 같이 하라"약 2:8고 말씀하셨습니다. 이 말씀에는 '네가 네 몸, 즉 너 자신을 사랑해야 그만큼 이웃도 사랑할 수 있다'라는 의미가 내포되어 있습니다. 우리는 최고의 율법을 지키는 것에 이웃 사랑뿐만 아니라 자기 사랑도 포함되어 있다는 사실을 기억해야 합니다. 자기 사랑과 이웃 사랑은 동전의 양면과도 같습니다. 우리는 자신을 사랑하는 정도에 따라 하나님과 이웃을 사랑할 수 있습니다. 자신을 많이 사랑하면 이웃도 많이 사랑할 수 있고 자신을 적게 사랑하면 이웃도 적게 사랑합니다.

존 포웰John Powell은 『마음의 계절Through seasons of the heart』이라는 책에서 이렇게 말했습니다. "자신에 대해 실망과 공허감을 느낀다면 이웃에게로 향하는 욕구나 의욕도 상실되고 자신에 대해 긍정적이고 만족스럽다면 자신의 고통은 줄어들고 이웃의 필요에 귀를 기울일 수 있게 된다."

이렇듯 자기 사랑은 대인관계에 지대한 영향을 미칩니다.

자기 사랑에는 자신의 인격을 소중히 여기는 마음과 신뢰감, 확고한 자신감, 타인의 가치 인정 등이 포함됩니다. 잠언 23장 7절은 "대저 그 마음의 생각이 어떠하면 그 위인도 그러하다"라고 말씀합니다. 우리가 상대방이 어떠한 사람인가를 알기 원한다면 그 사람이 자기 자신에 대해 어떤 생각을 갖고 있는지를 먼저 알면 됩니다. 먼저 자신을 존중하고 긍정해야 이웃도 사랑하고 행복한 대인관계도 만들어집니다.

약함도 강함이 될 수 있다

자기 긍정에 담긴 또 다른 중요한 요소는 하나님 앞에서 자신의 연약함을 철저하게 인정하는 것입니다. 자기 긍정은 단순한 자신감이나 자만과는 다릅니다. 자신의 연약함을 긍정하는 사람은 겸손할 수 있습니다. 그리고 그러한 겸손의 자세를 가진 사람은 온전히 하나님을 의지할 수 있습니다. 하나님에 대한 절대긍정만이 나에게 힘과 용기를 주고 다시 자신감을 가지고 비전을 향해 나아가게 합니다.

에디슨은 청각장애인이었으나 축음기를 발명했고, 밀턴John Milton은 시각장애인이었지만 영국 최고의 시인으로 칭송받았습니다. 존 번연John Bunyan은 얼음장 같은 감옥에서 천로역정을 집필했습니다. 파스퇴르Louis Pasteur는 몸을 자유롭게 쓸 수 없는 상태에서 질병에 대한 면역의 기본 원리를 발견했습니다. 이들의 공통된 특징은 자신의 약점 때문에 좌절로 점철된 인생을 살지 않았다는 사실입니다. 오히려 자신의 약함을 더 나은 방향으로 도약할 기회로 삼았습니다.

아브라함과 이삭과 야곱은 믿음의 조상이라 불리었지만, 거짓말도 하고 속이고 속고 실수하고 넘어지는 등 허물이 많은 사람들이었습니다. 그러나 하나님은 이들을 믿음의 사람으로 선택하시고 훈련하시고 사용하셨습니다. 또 다른 믿음의 인물들인 모세, 다윗, 바울도 마찬가지입니다. 그들은 심지어 살인자요, 살인 방조자였습니다. 인간이 지을 수 있는 죄 가운데 가장 큰 죄가 바로 살인죄인데, 이런 살인죄를 지은 자들을 사용하신 하나님은 얼마나 대단하신 분입니까? 믿음의 인물이 대단한 것이 아니라 그들을 사용하신 하나님이 위대하십니다.

내가 약해도, 허물이 있어도, 환경이 어려워도 하나님을 의지하며 절대긍정의 믿음으로 나아갈 때, 자기 긍정의 자화상을 가지고 사명을 항상 새롭게 할 수 있습니다. 나에게 아픔이 있고 가시가 있어도 내게 주시는 하나님의 은혜와 능력은 새로운 것임을 알아야 합니다. 사도 바울이 영적으로 자만할까 봐 하나님은 그에게 육체의 가시를 주셨음을 기억해야 합니다. 가시의 의미를 깨달은 바울은 이렇게 고백했습니다.

"나에게 이르시기를 내 은혜가 네게 족하도다 이는 내 능력이 약한 데서 온전하여짐이라 하신지라 그러므로 도리어 크게 기뻐함으로 나의 여러 약한 것들에 대하여 자랑하리니 이는 그리스도의 능력이 내게 머물게 하려 함이라 그러므로 내가 그리스도를 위하여 약한 것들과 능욕과 궁핍과 박해와 곤고를 기뻐하노니 이는 내가 약한 그 때에 강함이라" _ 고린도후서 12:9-10

하나님 안에서는 모든 것이 새롭게 되고 모든 일이 합력하여 선하게 될 수 있습니다. 하나님이 나를 사랑하시고 내 인생에 놀랍고 선한 계획을 갖고 계심을 믿는다면, 어떤 약함도 강함이 되고 어떤 저주도 복이 되는 기적을 경험할 것입니다.

나 자신을 예언적으로 축복하라

예언은 하나님의 사랑의 마음으로 하나님의 생각과 말씀을 대언하고 선포하는 것을 말합니다. 예언은 교회나 타인이나 공동체를 향하기도 하지만, 우선적으로 자기 자신에게 적용해야 합니다. 선지자 요엘은 말세에 성령이 충만하게 임하면 그 표적으로 나이에 관계없이 하나님의 말씀으로 꿈과 비전을 갖게 된다고 예언했습니다욜 2:28.

하나님은 아브라함에게 "너는 복이 될지라"고 말씀하셨습니다. 아브라함으로 하여금 큰 민족을 이루게 하고 그의 이름을 창대하게 하여 복을 주실 것이며 또 그가 모든 사람에게 복이 되리라고 하셨습니다창 12:2. 복을 받을 뿐 아니라 복의 근원과 통로가 되게 하실 것을 약속하신 것입니다. 그를 복으로 만들어 주셨기 때문에 아브라함을 축복하는 자에게 하나님이 그를 축복하시고 아브라함을 저주하는 자에게 저주하신다고 말씀했습니다창 12:3.

오늘날 아브라함의 믿음의 후손인 우리도 마찬가지입니다. 예수님을 믿을 때 우리는 이미 복덩어리가 되었습니다갈 3:14. 내가 복을 받을 뿐 아니라 많은 사람이 나를 통해 복을 받게 될 것입니다. 그러므로 나 자신에게 축복하며 선포해야 합니다. 자신의 이름을 넣어서 축복해 보십시오. "○○아(야), 너는 이미 복덩어리가 되었다. 너를 통해 많은 사람이 하늘과 땅의 복을 받게 될 것이다!"

예언은 종종 미래와 연관되어 있습니다. 하나님은 아브라함을 보실 때도, 베드로를 보실 때도, 야곱을 보실 때도 그들의 현재의 모습과 허물로 판단하지 않으셨습니다. 하나님은 아브라함을 열국의 아비로, 베드로를 하나님의 집을 세우는 반석으로, 야곱은 이스라엘로 이름을 바꾸셔서 하나님의 거룩한 민족으로 바라보셨습니다. 하나님이 내 인생에 갖고 계신 사랑과 기대감은 내가 생각하는 것보다 훨씬 더 크고 위대합니다.

하나님이 나를 사랑하신다는 것을 깨닫는다면, 그 사랑의 마음으로 나 자신을 예언적으로 축복해야 합니다. 거울을 바라보며 선포해 보십시오. "너는 하나님의 자녀이다. 너는 복의 통로이다. 너를 통해 하나님의 사랑이 흐르게 될 것이다. 너를 통해 네가 속한 공동체가 변화할 것이다. 너에게 성령의 충만함과 치유의 역사가 나타날 것이다. 너는 부요한 자이다. 너에게 좋은 일이 많이 일어날 것이다." 우리 인생은 하나님의 생각대로, 믿음대로, 꿈대로, 말대로 변화할 것입니다.

절대긍정의 기적은 저와 여러분에게 일어날 수 있습니다. 이 기적을 체험하려면 자기 자신에 대한 긍정의 마음을 새롭게 가질 수 있어야 합니다. 오늘부터 자신을 십자가의 렌즈로 바라보며 자화상을 새롭게 그려봅시다. 영적인 존귀함과 부요의 자화상을 회복해야 합니다. 내 인생의 사명을 깨닫고 자기 자신을 영적으로 축복해야 합니다. 그러할 때 하나님의 넘치는 복이 나에게 임하게 될 것입니다. 자기 긍정의 풍성한 은총이 여러분 모두에게 넘치길 소망합니다.

Positivity Quotient Check List

절대긍정지수 체크 리스트 ☑

당신의 자기긍정지수(PQ)는?
각 문항을 읽고 해당하는 칸에 체크해 봅니다.

측정 문항	전혀 아니다	아니다	보통 이다	그렇다	매우 그렇다
	1점	2점	3점	4점	5점
1. 스스로 매력이 있다고 생각한다.					
2. 다른 사람과 비교하며 열등감을 느끼지 않는다.					
3. 하나님이 나를 독특하고 소중하게 만드셨다고 믿는다.					
4. 사랑 받을 수 있는 자격이 충분하다고 생각한다.					
5. 지금 행복하다고 느끼고 있다.					
6. 다른 사람의 험담이나 비판에 크게 좌우되지 않는다.					
7. 나만이 가진 재능과 가치가 있다고 믿는다.					
8. 나 자신을 귀하게 여기고 사랑하고 있다.					
9. 어떤 일을 맡겨도 잘할 수 있을 거라고 생각한다.					
10. 나의 미래 모습을 그리며 선포하고 축복한다.					

각 문항마다 체크한 점수를 합산합니다.
자기긍정지수 합계 (   )점

서로 친절하게 하며 불쌍히 여기며
서로 용서하기를
하나님이 그리스도 안에서
너희를 용서하심과 같이 하라

에베소서 4장 32절

오중긍정(2): 타인에 대한 긍정

The Miracle of
Absolute Positivity

오중긍정(2): 타인에 대한 긍정

> 손해를 본 일은 모래 위에 기록하고
> 은혜를 입은 일은 대리석 위에 기록하라.
> - 벤저민 프랭클린

오중긍정의 두 번째는 타인에 대한 긍정입니다. 우리는 십자가 앞에 서 나 자신을 향한 긍정만이 아니라, 타인에 대한 긍정도 새롭게 해야 합니다. 우리가 자주 부르는 찬양인 '선한 능력으로'를 지은 독일의 디트리히 본회퍼Dietrich Bonhoeffer 목사님은 이렇게 말했습니다. "하나님을 만난 사람은 형제를 만납니다. 하나님을 만난 사람은 형제의 얼굴을 하나님의 얼굴로 보지만, 형제를 만나지 못한 사람은 하나님도 만나지 못합니다. 또한 하나님께서 친히 그리스도 안에서 우리의 형제가 되어 주신 것은 우리로 하여금 모든 형제 뒤에 계신 그분을 다시 볼 수 있게 하시려는 것입니다." 하나님을 진정으로 만나고 변화된 사람이라면 타인에 대한 하나님의 마음을 느낄 수 있고 더 나아가 그들을 존중할 수 있습니다롬 12:10.

하나님의
속삭임

미국의 저명한 심리학자인 앤 그루델은 구순구개열입술이나 잇몸 또는 입천장이 갈라져 있는 선척적 기형 장애를 안고 태어나 어린 시절 내내 열등감에 시달렸습니다. 구순구개열 수술이 흔한 요즘과 달리 당시에는 해당 증상을 치료하는 수술이 쉽지 않았습니다. 얼굴 모양이 비뚤어지고, 치열도 고르지 못하고, 발음도 정확하지 못했던 앤은 가족 외에는 누구도 자신을 사랑할 수 없을 것이라 생각하며 언제나 외톨이로 지냈습니다.

그러던 어느 날, 앤의 학교에서는 속삭임 검사The Whisper Test를 실시했습니다. 해마다 진행하는 이 시험은 학생들이 문을 등지고 서서 한쪽 귀를 막고 서 있으면, 선생님이 자기 자리에서 "하늘은 파랗다", "오늘은 날씨가 좋다"와 같은 문장을 작은 소리로 말하고 학생들은 그것을 따라서 말하는 시험이었습니다.

앤의 차례가 되었습니다. 그때 선생님의 입에서 나온 짧은 문장은 그녀의 삶을 바꾸어 놓았습니다. "귀여운 네가 내 딸이라면 얼마나 좋을까?" 이 말은 앤을 다시 태어나게 했습니다. 날 때부터 부족한 사람이라는 생각, 사랑받을 가치가 없는 사람이라는 그녀의 부정적인 자화상이 완전히 깨진 순간이었습니다. 훗날 앤은 '그 짧은 문장은 하나님께서 그 선생님의 입에 넣어 주신 것이 틀림없습니다. 그것은 내 인생 전체를 변화시켰습니다'라고 회고했습니다.

앤은 자신이 좋아하는 선생님이 딸로 삼고 싶을 만큼 '소중하고 사랑스런 존재'라는 자화상을 갖게 되었습니다. 부정적인 자화상을 내버리고 상처 난 마음의 회복을 경험한 그녀는 현재 심리학자가 되어 다른 사람의 마음을 치료하는 일을 하고 있습니다. "네가 내 딸이었으면 좋겠다." 선생님을 통해 전해진 하나님의 마음이 또 다른 사람에게 새로운 자화상을 갖게 해 줄 씨앗이 된 것입니다.

삭개오 또한 예수님의 속삭임을 통해 인생이 변화되는 기적을 경험했습니다. 그는 부자였지만 키가 작고 세리를 직업으로 삼고 있었기에 사람들의 멸시를 받으며 살아야 했습니다. 어느 날 예수님이 지나가신다는 소식이 삭개오에게 전해지고 그는 예수님을 보기 위해 번화가로 갔습니다. 이미 많은 사람이 모여 있었는데, 사람들은 키 작은 삭개오를 위해 자리를 내어 주려고 하지 않았습니다. 하는 수 없이 그는 뽕나무 위로 올라갔습니다. 사람들의 시선을 의식하는 마음보다 예수님을 알고자 하는 마음이 더 컸기 때문입니다.

예수님께서 그런 그에게 주목하셨습니다. 길을 걷다 걸음을 멈추시고 "삭개오야!" 하고 부르셨습니다. 죄인으로 손가락질 받던 그를 '아브라함의 자손'이라고 불러주셨습니다. 삭개오를 향한 예수님의 속삭임은 '죄인', '세리', '키 작고 못난 사람'이라는 부정적인 자화상에서 '사랑받는 자', '아브라함의 자손'이라는 긍정적인 자화상으로 바꿔주었습니다. 자신을 보는 관점이 달라지자, 미래와 세상을 보는 관점도 달라졌습니다. 예수님을 만난 그는 자신이 빼앗은 것을 모두 되돌려줄 뿐만 아니라, 4배로 갚겠다고 약속했습니다. 그의 인생이 완전히 새로워진 것입니다.

내가 보잘것없고, 종종 넘어지고 실수한다 해도, 하나님이 나를 사랑하신다는 속삭임을 듣는 사람은 세상의 모든 시험과 어려움을 능히 이겨낼 수 있습니다. 뿐만 아니라, 나를 사랑하시는 하나님이 세상도 사랑하신다는 것을 알기에, 이웃도 사랑할 수 있게 됩니다. 그래서 예수님은 "네 이웃을 네 자신과 같이 사랑하라"고 말씀하셨습니다. 나를 위해 죽으신 예수님이 내 이웃을 위해, 나와 상관없어 보이는 사람을 위해, 또 나의 원수를 위해서도 죽으셨음을 아는 것이 모든 이웃을 사랑으로 품을 동력이 되는 것입니다. 그래서 절대긍정의 하나님을 만난 사람은 자신을 긍정하고, 더 나아가 타인도 긍정할 수 있습니다. 타인에게 하나님의 사랑의 속삭임God's loving whisper을 증거하고 전달할 수 있습니다.

딱 한 사람의 응원이 가진 위력

사람들이 가장 힘들어하는 때는 언제일까요? 소외감을 느낄 때나 버림받을 것에 대한 두려움을 가질 때입니다. 반대로 누군가 자신을 믿어주고 응원해 줄 때는, 큰 어려움도 견뎌낼 수 있습니다.

『회복탄력성』의 저자인 김주환 교수는 이렇게 말합니다. "어려운 환경 속에서도 꿋꿋이 제대로 성장해 나가는 힘을 발휘한 아이들이 예외 없이 지니고 있던 공통점이 하나 발견되었다. 그것은 그 아이의 입장을 무조건적으로 이해해 주고 받아주는 어른이 적어도 그 아이의 인생에 한 명은 있었다는 것이다. 그 사람이 배우자이든, 엄마이든, 아빠이든, 혹은 할머니, 할아버지, 삼촌, 이모이든…"

자신을 믿어주는 단 한 사람으로 우리의 인생은 달라질 수 있습니다. 한 사람의 신뢰를 통해 인생이 변화되는 것을 경험한 한 군인이 있었습니다. 그는 동기들에 비해 매번 승진이 뒤처지는 자신을 보며 열등감과 절망감에 시달렸습니다. 하지만 그의 아내는 그를 위로했습니다. 언젠가 기회가 올 것이니 절대 실망하지 말라고 말하며 끊임없이 남편에게 용기를 주었습니다. 아내의 위로에 힘을 얻은 그는 주어진 자리에서 항상 최선을 다했습니다. 다른 사람들이 꺼리는 자리에서도 맡은 바 책임을 충실히 이행했습니다. 그리고 마침내 소령이 된 지 16년 만에 중령으로 승진하게 되었습니다.

이 사람의 이름은 아이젠하워Dwight D. Eisenhower입니다. 동기 중에 진급이 가장 늦었고, 보잘것없는 변방을 떠돌던 아이젠하워는 후에 2차 세계대전에서 미국의 총사령관으로 활약했고 미국을 비롯한 연합국에 승리를 안겨 주었습니다. 더 나아가 미국의 34대 대통령이 되어 경제를 안정적으로 운용하는 것은 물론 인종차별의 폐지와 세계의 평화를 이루는 데 일조했습니다.

타인을 긍정하고 응원하고 격려하는 것은 엄청난 힘으로 작용할 수 있습니다. "칭찬은 고래도 춤추게 한다"라는 말처럼 타인이 나를 존중하고 기대감을 가지고 지켜봐 주면, 그에 부응하기 위해 노력하여 결과가 좋아질 수 있기 때문입니다. 아내가 보여준 응원의 마음과 긍정의 말이 아이젠하워를 위대한 군인이자 탁월한 지도자로 세웠습니다.

여러분은 누구에게 이런 응원의 말을 전합니까? 여러분의 말 한마디가 상대방을 살릴 수 있습니다. 언제나 우리를 응원하시며 꿈과 희망을 주시는 주님은 여러분을 통해 사랑의 마음과 절대긍정의 말이 전파되기를 원하십니다.

접촉의 힘

사람은 타인과의 접촉을 통해 세계를 만납니다. 특히 어린아이는 양육자와의 피부 접촉을 통해 세계를 경험하고 자아상을 형성합니다. 존 볼비John Bowlby는 양육자와 인생 초기의 애착 형성이 인간 본성에 가장 중요한 요인이 된다는 애착 이론attachment theory을 발표하였습니다. 그리고 해리 할로우Harry F. Harlow라는 학자가 애착 이론에 근거하여 다음과 같은 실험을 했습니다. 어린 원숭이들을 어미와 분리하여 실험실에서 키웠는데, 그 안에는 젖이 나오는 철사 원숭이와 젖이 나오지 않는 헝겊 원숭이를 넣어두었습니다. 원숭이들은 어떤 행동을 보였을까요? 배가 고플 때는 철사 원숭이에게 다가갔지만, 먹는 것을 마치자마자 천으로 만든 원숭이에게 갔습니다. 원숭이들은 따뜻한 접촉을 원했던 것입니다.

재키 로빈슨Jackie Robinson은 미국 역사상 아프리카계 미국인으로서는 처음으로 메이저리그에서 활약한 선수입니다. 1947년부터 1956년까지

로스앤젤레스 다저스의 전신인 브루클린 다저스의 멤버로 활동하였으며, 1962년 야구 명예의 전당에 올랐습니다. 또한 등번호 42번이 전 구단 영구결번으로 등록될 만큼 전설적인 선수로 남았습니다. 지금은 경기의 종류를 막론하고 모든 종목에서 아프리카계 선수들을 흔히 볼 수 있지만, 재키 로빈슨이 활동할 당시 미국은 백인 우월주의가 만연해 있었습니다. 백인들의 스포츠로만 생각하던 야구에서 선수로 활동하면서 그는 늘 차별과 조롱에 시달려야 했습니다.

어느 날, 그가 수비 실책을 범했습니다. 관중들은 야유했고, 동료 선수들조차 폭언과 불쾌한 표정을 숨기지 않았습니다. 험악한 분위기가 최고조에 달할 때 유격수를 담당하던 피 위 리즈Pee Wee Reese가 재키 로빈슨에게 다가와 글러브를 벗고 그를 끌어안았습니다. 그리고 둘은 웃으며 이야기를 나누었습니다. 경기장의 분위기는 순식간에 달라졌습니다. 재키 로빈슨은 이때 자신이 새로 태어났다고 말했습니다. 피 위 리즈의 격려가 없었다면 어쩌면 전설로 불리는 그 선수는 존재하지 않았을지도 모릅니다.

힘들고 어려울 때, 달려가 안길 수 있는 사람이 있습니까? 하나님은 언제나 우리를 기다리고 계시며 따뜻한 눈길로 우리를 주목하고 계십니다. 그런 하나님을 향해 시편 기자는 이렇게 고백합니다.

"하나님은 우리의 피난처시요 힘이시니 환난 중에 만날 큰 도움이시라"

_ 시편 46:1

"내 속에 근심이 많을 때에 주의 위안이 내 영혼을 즐겁게 하시나이다"

_ 시편 94:19

하나님 품에 안길 때, 모든 걱정과 두려움이 사라집니다. 사람들의 시선도 내일에 대한 염려도 우리를 주저앉게 하지 못합니다. 하나님의 사랑이 우리를 다시 일으키고 절대긍정의 믿음으로 승리하게 합니다. 더 나아가 그 사랑의 힘으로 다시 이웃을 터치하며 격려할 수 있게 합니다. 하나님의 사랑에 힘입어 힘들고 지친 영혼에게 손을 내밀어 위로하고 여러분이 경험한 사랑의 능력을 함께 나눌 수 있기를 소망합니다.

가트맨의
5대 1의 법칙

음식 맛을 좋게 하는 비결은 간을 잘 맞추는 것입니다. 아무리 비싸고 좋은 재료를 사용한다고 해도 짠맛과 단맛, 매운맛과 쓴맛, 신맛 등 맛의 균형을 잃으면 맛있는 음식으로 만들지 못합니다. 그래서 사람들은 음식을 만들 때 유명 레시피를 따라 해 보기도 하고, 돈을 내고 맛집의 레시피를 구하기도 합니다.

　음식을 만들 때 레시피가 중요하듯이 사람 간의 관계에도 레시피가 중요합니다. 부부, 가족 관계 치료의 세계적인 권위자이자 전문가인 존 가트맨John M. Gottman 박사는 '대화하는 방식'이 행복을 결정하는 가장 중요한 요인이라고 조언합니다. 39년간 3천 6백 쌍의 부부를 관찰 연구한 결과, 싸움의 내용이 아니라 싸움의 방식이 갈등을 증폭하고 관계를 병들게 한다는 것입니다. 좋은 관계를 유지하는 부부의 경우 호감과 배려, 감사와 같은 긍정적인 방식을 더 많이 사용하는 반면, 이혼하는 부부는 비난과 경멸 등의 부정적인 방식을 더 많이 사용하는 것으로 나타났습니다. 그러면서 가트맨 박사는 행복한 관계에서는 긍정언어와 부정언어의 비율이 5대 1이라는 구체적인 수치도 제시합니다. 이것은 "가트맨의 5대 1의 법칙"으로 알려져 있습니다. 즉, 긍정의 말을 부정의 말보다 5배 이상은 더 많이 사용해야 한다는 것입니다.

　이 법칙은 부부 관계에만 적용되는 것은 아닙니다. 어떤 만남이든 긍정의 배려로 가득한 만남은 다음 만남을 기대하게 만듭니다. 하지만 쌀쌀맞은 말을 서슴없이 사용하거나 비난하는 표정을 짓는 사람과의 만남은 꺼려질 수밖에 없습니다. 나발의 모욕적인 말과 아비가일의 겸손한 태도를 떠올려 보십시오. 아비가일의 자신을 낮추는 말과 나그네를 향한 환대는 다윗의 범죄를 막는 것은 물론 자기의 목동들과 종들의 생명을 보전하게 했습니다. 더 나아가 자신 스스로도 높아지는 기회를 얻게 해 주었습니다삼상 25장.

미국 교도소 재소자의 90퍼센트 이상이 부모로부터 기대감이 없이 무관심과 부정적인 말을 듣고 자랐다고 합니다. 부정적인 말을 듣고 자란 사람은 결국 좋지 않은 미래를 살게 됩니다. 그러나 "넌 가치 있어. 넌 할 수 있어"라는 긍정적인 말을 듣고 자라면 긍정적인 미래가 열립니다. 여러분은 어떻습니까? 부정적인 말을 많이 사용하고 있습니까? 긍정의 말을 많이 사용하고 있습니까? 좋은 대인관계와 인생의 행복을 위해서는 긍정의 말이 중요하다는 사실을 기억하시기 바랍니다.

대화에 영향을 미치는 긍정의 지혜

타인과 대화할 때에도 긍정의 말로 말하는 지혜가 필요합니다. 옛날, 어떤 터키현 튀르키예 황제가 꿈을 꾸었습니다. 자신의 이가 몽땅 다 빠지는 이상한 꿈이었습니다. 잠에서 깨어나자마자 어떤 현자에게 꿈을 해몽하라고 했습니다. 그는 "폐하, 그건 아주 불길한 꿈입니다. 이가 하나 하나 빠진다는 것은 충성스러운 신하들이 하나씩 다 죽어갈 것이란 말입니다"

라고 말했습니다. 그러자 황제는 "뭐라고? 감히 그런 불길한 말을 하다니 이놈을 당장 끌어내서 곤장 50대를 쳐라"라고 명령하며 화를 냈습니다.

또 다른 현자가 황제에게 불려나갔습니다. 꿈 이야기를 듣고 그는 이렇게 말했습니다. "전하, 그 꿈은 길조입니다. 아주 좋은 꿈입니다. 전하가 다른 모든 신하들보다도 더 오래 사신다는 뜻입니다." 이 해몽을 들은 황제는 기뻐하면서 재무 담당관으로부터 금화 50개를 받아가라고 했습니다. 그때 재무 담당관이 그 현자에게 이렇게 말했습니다. "당신의 꿈의 해몽은 처음 꿈의 해몽 이야기와 크게 다른 것이 없지 않소. 신하들이 먼저 죽으나 황제가 더 오래 사나 비슷한 것 아니오." 그러자 그 현자는 미소를 지으며 이렇게 말했다고 합니다. "그렇죠. 사람은 많은 것을 이야기할 수 있지요. 그런데 중요한 것은 그 말을 어떤 식으로 하느냐는 것입니다."

타인과 대화할 때, 말을 지혜롭게 표현하는 것이 중요합니다. 우리나라 속담에도 "같은 말이라도 아 다르고 어 다르다"라는 말이 있습니다. 비판과 정죄의 말은 삼가고 타인을 세워주는 지혜의 말을 해야 합니다.

조선시대에 청백리로 알려진 황희 정승이 겪은 일화입니다. 그가 퇴궐하여 집으로 향하던 중 두 마리의 소를 부리며 논을 갈고 있는 농부를 만났습니다. 그는 농부에게 넌지시 질문을 했습니다. "저 소 두 마리 중에 어느 소가 더 일을 잘 하오?" 그러자 농부는 하던 일을 멈추고 그에게로 걸어왔습니다. 그리고는 귓속말로 "아 네, 검은 소가 누런 소보다 일을 더 잘합니다." 황희 정승이 "아니 뭐 그까짓 걸 가지고 여기까지 와서 말을 하시오?"라고 하자, 그 농부는 이렇게 대답했다고 합니다. "소도 다 듣고 있습니다. 비교하는 말을 들으면 기분이 안 좋습니다."

남을 쉽게 비판하지 말아야 합니다. 예수님은 "비판하지 말라 그리하면 너희가 비판을 받지 않을 것이요 정죄하지 말라 그리하면 너희가 정죄를 받지 않을 것이요"눅 6:37라고 말씀하셨습니다. 요한계시록에 보면 하나님의 구원과 나라가 이루어질 때 "우리 형제들을 하나님 앞에서 밤낮 참소하던 자가 쫓겨났다"계 12:10라고 말합니다. 마귀의 이름 중의 하나가 헬라어로 '디아볼로스διάβολος, diabolos'입니다. 마귀를 뜻하는 영어 단어의 데블devil이 바로 이 '디아볼로스'에서 유래됐습니다. 여기에는 '비방하는 자, 참소하는 자'란 뜻이 있습니다. 사탄은 아담과 하와를 무너뜨릴 때 하나님을 비방하였습니다. 또한 아담으로 하여금 하나님 앞에서 하와를 비방하게 했습니다. 그때로부터 지금까지 마귀는 참소와 비방이란 강력한 무기를 통하여 사람들이 죄를 짓게 하고 교회를 넘어지게 합니다. 그래서 비방을 많이 하는 자는 마귀의 성품을 닮은 것입니다.

우리는 덕이 되는 말, 은혜가 되는 말을 많이 해야 합니다. "무릇 더러운 말은 너희 입 밖에도 내지 말고 오직 덕을 세우는 데 소용되는 대로 선한 말을 하여 듣는 자들에게 은혜를 끼치게 하라"엡 4:29 부정적인 말은 입 밖에도 내지 말아야 합니다.

벤저민 프랭클린Benjamin Franklin은 "성공의 비결은 험담을 하지 않고 상대의 장점을 드러내는 데 있다"라고 말했습니다. 다른 사람을 긍정하고 격려하는 선한 말은 마음에 기쁨을 주고 몸도 건강하게 해 주는 아주 좋은 보약과 같습니다. "선한 말은 꿀송이 같아서 마음에 달고 뼈에 양약이 되느니라"잠 16:24 긍정의 말로 지어진 보약은 부작용도 없고 효과도 탁월합니다. 타인을 세워주는 대화는 이렇게 서로에게 행복과 건강을 가져다 줍니다.

5분의 친절이 가져온 기적

미국의 심리학자 애덤 그랜트Adam M. Grant는 그의 책 『기브앤테이크 Give and Take』에서 '주는 것보다 더 많은 이익을 챙기려는 사람taker'이나 '받는 만큼 주는 사람matcher'보다 '자신의 이익보다 다른 사람을 먼저 생각하는 사람giver'이 더 성공할 가능성이 높다고 말합니다. 심지어 사람의 성공을 유도하는 사람이 성공할 경우, 주변 사람까지 성공할 확률이 높아진다고 합니다. 이처럼 베푸는 것은 100미터 달리기와 같은 단기전에는 당장 효과가 없는 것처럼 보이겠지만 마라톤 경주와 같은 장기전에서는 진가를 발휘한다고 합니다.

그랜트 박사는 다른 사람을 배려하는 기술 중 하나로 '5분의 친절 법칙'을 제시합니다. 그러면서 애덤 리프킨Adam Rifkin이라는 사람의 친절을 제시합니다. 리프킨은 돌려받겠다는 마음 없이 그저 5분 동안 상대의 말을 들어주고 작은 친절을 베풀었다고 합니다. 그의 선의는 다른 사람에게 전해졌고, 그의 도움을 받은 사람도 다른 사람에게 도움을 베풀게 되었습니다. 그 결과, 리프킨은 성공한 사업가가 되었으며, 2011년 「포춘Fortune」이 선정한 전 세계의 유력인사 640인과 가장 많이 연관된 인물로 선정되었습니다. 리프킨은 친절의 인맥으로 더 풍성한 성공 문화를 열어가게 만든 것입니다.

친절과 배려는 대인관계의 성공에 아주 중요한 기여를 합니다. 친절한 사람은 모든 사람이 좋아합니다. 우리는 친절한 사람을 좋아하고 그 사람 곁에 있기를 원합니다. 친절한 사람은 따뜻하고 부드럽기 때문입니다. 성령의 아홉 가지 열매 중의 하나가 바로 자비인데갈 5:22-23, 자비는 NIV 영어 성경에 '친절kindness'로 번역되어 있습니다. 친절은 어디서든지 통하는 만국 공용어입니다. 크리스천 네스텔 보비Christian Nestell Boveee라는 사람은 "친절은 벙어리가 말할 수 있는 언어요, 귀머거리가 들을 수 있고 이해할 수 있는 언어이다"라고 말한 바 있습니다.

믿음의 조상 아브라함은 지나가던 세 사람의 나그네를 친절하게 영접하여 극진히 대접했습니다창 18장. 아브라함은 버터와 우유와 송아지 고기 등으로 융숭한 대접을 했는데 그 가운데 한 분이 바로 성자 예수님이셨습니다. 결국 아브라함은 하나님과 하나님의 사자들을 영접한바 되어 100세에 아들 이삭을 얻는 약속의 말씀과 축복을 받게 되었습니다. 우리가 사람들을 대할 때에 마치 주님을 대하는 것처럼 대해야 합니다마 10:40-42.

우리 교회 한 집사님의 이야기입니다. 2011년 집사님의 아들이 희귀난치병 판정을 받았는데, 정확한 병명도 치료법도 없었습니다. 시간이 갈수록 상태는 나빠지기만 했습니다. 그러다 어머니 친구인 권사님의 권유로 우리 교회에 출석하게 되었습니다. 밤낮으로 기도하기를 6개월, 어느 날 하나님께서 치유의 확신을 주셨습니다. 그날 이후 아들의 상태가 눈에 띄게 좋아지기 시작했고, 2013년 제게 안수기도 받고난 후 완치 판정을 받았습니다. 집사님은 아들의 질병이라는 절대절망 속에서 예수님을 만나고, 아들을 치료해 주신 하나님의 은혜를 경험하니 도저히 가만히 있을 수 없었습니다. 그래서 아프고 힘든 사람들을 위해 살기로 결심하고 사회복지사가 되어 장애인, 노숙인, 청소년을 위한 섬김 사역을 시작하였습니다.

그러던 어느 날, 약속이 있어 평소 다니지 않던 길을 지날 때, 홀로 앉아 있는 노숙인 같은 사람을 만나게 되었습니다. 희고 고운 피부를 가진 그가 여느 노숙인과는 다르다는 것을 느낄 수 있었는데, 알고 보니 그는 발달장애인이었습니다. 발달장애인의 특성상 낯선 사람에 대한 경계가 심했기에, 집사님은 매일 그와 인사를 나누며 관계를 맺었고, 한 달 만에 식사 자리를 가질 수 있었습니다. 그리고 그날 그에게서 "엄마가 아무리 기도해도 숨을 안 쉬고 살아나지 않아요, 엄마가 아직 집에 그대로 계세요"라는 충격적인 말을 듣고, 서둘러 경찰과 함께 집을 방문하여 장례를 도왔습니다. 집사님은 "노숙인 모습을 한 천사를 통해 하나님께서 '네가 좀 가 봐라'하고 절 보내신 게 아닌가 생각합니다"라고 말했습니다. 하나님은 발달장애가 있어 어머니의 사망 후에도 어떻게 할지를 몰랐던 이 가정을 위해 집사님을 보내셨던 것입니다.

하나님은 이렇게 우리를 섬김의 자리로 부르시고 축복의 통로로 사용하기 원하십니다. 우리가 경험한 사랑과 축복은 더 많은 사람에게 전해져야 합니다. 만약 우리가 다른 사람들에게 사랑과 친절을 베푼다면, 그것은 부메랑과 같이 다시 우리에게 복으로 돌아오게 될 것입니다.

원수도 사랑으로
녹이라

미국은 물론 전 세계 사람들이 존경하는 인물 중 한 사람은 미국 대통령인 에이브러햄 링컨입니다. 흑인 해방의 주역인 그는 미국 화폐 중 가장 작은 1센트 동전의 주인공이기도 합니다. 그런 링컨을 오랫동안 괴롭히고 험담하던 에드윈 스탠턴이라는 사람이 있었습니다. 그는 "여러분, 우리는 고릴라를 보기 위해 아프리카까지 갈 필요가 없습니다. 일리노이의 스프링필드에 가면 오리지널 고릴라를 볼 수 있습니다"라는 모욕적인 언사도 삼가지 않았습니다. 그는 링컨이 대통령이 된 후에도 무례한 말을 멈추지 않았습니다. 키가 크고 팔이 긴 편이었던 링컨이 지나가면, 뒤에서 다 들리게끔 "저기 팔이 긴 원숭이가 간다"라고 악평하기도 하고, "정해진 원칙도 없고 행동의 일관성도 없고, 지적인 이해력이 있는지조차 모르겠다"라는 말로 그의 정치력을 비판하기도 했습니다.

하지만 링컨은 전혀 대꾸하지 않았습니다. 대통령이 된 후에도 어떤 법적 조치를 취하거나 처벌하지 않았습니다. 오히려 그를 국방부 장관에 임명했습니다. 링컨의 참모들은 "각하, 각하를 그렇게 괴롭히던 그 원수 같은 사람을 어떻게 요직에 앉힐 수가 있습니까? 그런 사람들은 제거해야 됩니다"라고 말했습니다. 그때 링컨이 이렇게 대답했습니다. "저도 그렇게 생각합니다. 원수는 우리 마음속에서 없애버려야지요. 그러나 그것은 원수를 죽여서 없애라는 말이 아니라 사랑으로 녹여 친구로 만들라는 말입니다. 예수님도 원수를 사랑하라고 하셨습니다. 이제 그 사람은 나의 적이 아닙니다. 나는 적이 없어져서 좋고, 그처럼 능력 있는 사람의 도움을 받을 수 있어서 좋고 일석이조 아닙니까?"

링컨의 선택은 옳았습니다. 많은 사람이 스탠턴의 탁월한 업무 수행을 칭찬했습니다. 그리고 링컨이 암살당했을 때, 그가 제일 먼저 달려왔습니다. 그리고는 링컨을 부둥켜안은 채 통곡하며 이렇게 말했다고 합니다. "여기에 세계에서 가장 위대한 사람이 누워있습니다." 링컨은 죄인을 불러 의롭다고 하실 뿐 아니라, 사랑하는 자녀라 불러주신 하나님의 사랑을 잘 알고 실천한 것입니다. 그러기에 자기를 비난하고 멸시한 스탠턴에게 되갚아주려고 하기보다는 오히려 그에게 기회를 주었습니다. 그리고는 자신의 사람이자 친구로 만들 수 있었습니다.

성경은 "서로 친절하게 하며 불쌍히 여기며 서로 용서하기를 하나님이 그리스도 안에서 너희를 용서하심과 같이 하라"엡 4:32고 말씀합니다. 죄와 허물투성이인 우리를 먼저 사랑하신 하나님을 믿고, 우리를 위해 십자가에 달리신 예수님을 믿는 사람은 다른 사람도 용서하고 사랑할 수 있습니다. 우리는 일만 달란트의 빚을 탕감 받은 사람입니다. 평생 갚아도 갚지 못할 큰 죄악의 빚을 탕감 받은 것을 알기에, 일백 데나리온에 불과한 타인의 미움과 원망, 시기와 질투, 허물 등은 능히 용서하는 마음을 가질 수 있습니다.

하나님은 절대절망 가운데 신음하던 우리를 부르시고 만나주셨습니다. 그 절대긍정의 하나님으로 인하여 이제 절대희망의 삶을 살 수 있게 해 주셨습니다. 어둠에서 빛으로, 죽음에서 생명으로 옮겨진 감격이 얼마나 큰 것임을 알기에, 우리는 이 은혜를 결코 혼자 누릴 수 없습니다. 우리 주위에 절대긍정의 하나님을 소개하지 않을 수 없습니다. 이제 우리는 하나님의 사랑으로 사람들을 격려하고 세워 주고 친절하게 대해 주고 용서하고 사랑해야 합니다. 자신의 귀한 가치를 알고 긍정하는 사람은 타인의 귀한 가치도 알고 긍정의 삶을 살게 될 것입니다.

Positivity Quotient Check List

절대긍정지수 체크 리스트 ☑

당신의 타인긍정지수(PQ)는?

각 문항을 읽고 해당하는 칸에 체크해 봅니다.

측정 문항	전혀 아니다	아니다	보통 이다	그렇다	매우 그렇다
	1점	2점	3점	4점	5점
1. 타인을 볼 때 단점보다 장점을 보려고 한다.					
2. 나와 생각이 다른 사람과 대화하는 것이 어렵지 않다.					
3. 어려운 상황에 있는 사람을 돕는 것이 기쁘다.					
4. 타인의 감정을 배려하며 귀하게 여긴다.					
5. 사람들을 대할 때 미소와 친절을 잃지 않는다.					
6. 만나는 사람들을 귀하게 여기며 축복하는 마음을 갖고 있다.					
7. 다른 사람을 위하는 것이라면 손해도 감수할 수 있다.					
8. 나를 오해하고 미워하는 사람도 친절히 대할 수 있다.					
9. 사람들을 격려하고 칭찬하는 편이다.					
10. 내게 상처를 주거나 힘들게 한 사람도 용서할 수 있다.					

각 문항마다 체크한 점수를 합산합니다.

타인긍정지수 합계 (   )점

The Miracle of
Absolute Positivity

무슨 일을 하든지 마음을 다하여
주께 하듯 하고
사람에게 하듯 하지 말라
골로새서 3장 23절

오중긍정(3):
일과 사명에
대한 긍정

The Miracle of
Absolute Positivity

오중긍정(3):
일과 사명에 대한 긍정

> 삶을 사는 데는 두 가지 방법이 있다.
> 하나는 기적이 전혀 없다고 여기는 것이고,
> 하나는 모든 것이 기적이라고 여기는 것이다.
> - 알버트 아인슈타인

영적 멘토이신 조용기 목사님은 제자들에게 종종 "목회를 즐겁게 하라"는 말씀을 하셨습니다. 시간이 지나면서 이 말씀의 깊은 뜻을 깨닫게 되었습니다. 목사님은 자신이 하는 사역에 대한 분명한 사명감을 가지고 즐기며 하라는 의미를 전해 주셨던 것입니다.

이 세상의 사람들은 모두 일을 하며 살아갑니다. 이런 일을 통해 우리는 하나님의 사명을 발견하고 자부심을 가져야 합니다. 따라서 일에 대한 긍정적인 태도를 갖는 것도 매우 중요합니다. 하나님은 부정적인 자를

통해 일하지 않으십니다. 절대긍정의 자세를 가진 자를 통해 위대한 일을
이루시고 사명을 감당케 하십니다.

실명은 장애가 아니라
사명의 도구다

"이영훈 목사님, 안녕하셨습니까? 저 강영우입니다. 지금 한국에 와있
습니다." 지금은 천국에 가셨지만, 강영우 박사님은 종종 한국에 오실 때
마다 제게 전화를 주셨습니다. 그 목소리가 지금도 생생히 들리는 것 같
습니다. 박사님은 13살에 아버지를 여의고 14살에 시력을 잃는 시련을 겪
었습니다. 아들이 앞을 보지 못하게 되었다는 소식에 충격을 받은 어머니
는 얼마 안 되어 세상을 떠나셨고 큰 누나까지 과로로 세상을 등지고 말
았습니다. 남은 세 남매는 뿔뿔이 흩어졌고 눈앞에는 아무런 희망이 보이
지 않았습니다. 그러나 절망적인 상황에서도 하나님을 굳게 믿었던 소년
강영우는 하나님이 주신 절대희망을 통해 모든 어려움을 극복했습니다.
어린 강영우는 "실명은 장애가 아니다. 하나님의 사명에 쓰이는 도구이
다"라고 고백했습니다.

이후 연세대학교를 거쳐 미국 피츠버그대학교에서 교육학 박사 학위
를 받은 박사님은 2001년 미국 국무부 국가장애위원회 정책분과위원장

으로 임명되어 미국의 장애인 정책을 총괄하기도 했습니다. 박사님은 말기 암 판정을 받았을 때도 원망이나 불평 대신에 지인들에게 "하나님이 나에게 마지막을 정리할 시간을 주셔서 감사합니다"라고 감사의 편지를 보냈습니다. 강 박사님은 언제나 절대긍정과 절대감사의 삶을 사셨습니다. 세상을 부정의 눈이 아니라 긍정의 눈으로 바라보았고 자신이 하는 모든 일에 사명감을 가지고 임했습니다.

사람에게는 네 가지 중요한 만남이 있다고 합니다. 이것을 4M으로 표현하는데 풀어서 표현하면 Master인생의 주인이신 하나님, Mate인생의 반려자, Mentor참된 스승, 멘토, 그리고 Mission인생의 사명입니다. 하나님과의 만남은 이 4M을 완성하는 기본이 됩니다. 우리가 절대긍정의 하나님을 만나게 되면 자신의 인생에 대한 사명을 발견하게 되기 때문입니다.

모세에게는 이스라엘을 출애굽시키는 사명이 있었고, 느헤미야에게는 허물어진 예루살렘 성벽을 재건하는 사명이 있었습니다. 세례침례 요한에게는 사람들을 회개하게 하여 메시아의 오심을 예비하는 사명이 있었고, 사도 바울에게는 이방인 세계선교의 사명이 있었습니다. 예수님도 "내가 온 것은 양으로 생명을 얻게 하고 더 풍성히 얻게 하려는 것이라"요 10:10고 말씀하셨습니다. 그래서 십자가의 고난과 죽음을 감당하고 인류 구원의 사명을 이루셨습니다.

이 세상에 문제나 아픔이 없는 사람은 없습니다. 그러나 자신의 인생에 있어 사명감을 분명하게 가진 사람은 어떠한 어려움과 고난이 와도 넉넉히 감당할 수 있습니다. 사명을 위한 아픔이나 상처scar가 천국의 별star로 승화될 수 있고, 하나님을 위해 겪는 눈물이 천국의 다이아몬드가 될 수 있음을 알기 때문입니다. 무엇보다 우리는 어떤 사명자로 부름을 받고 어떤 인생을 살든지 하나님을 예배하고 경배하는 사명은 절대 잊지 말아야 합니다.

하나님 안에서
모든 일은 거룩하다

세상의 일과 하나님의 일이 따로 떨어져 있다고 생각하는 사람들이 있습니다. 가령 목회자는 하나님을 위해 일하고, 성도들은 세상을 위해 일하는 사람이라고 생각하기도 합니다. 누군가는 기도와 봉사는 거룩하지만, 공부하고 일하는 것은 그렇지 않다고 말하기도 합니다.

하지만 종교개혁자 마르틴 루터Martin Luther에 의하면 모든 직업Beruf은 하나님이 주신 소명Berufung, Calling, 부르심입니다. 루터는 이렇게 말합니다. "한 여종이 주인의 명령과 직무에 따라 마구간에서 똥을 치우고 있다면 그것이야말로 천국으로 가는 직선로를 제대로 찾은 것이다. 반대로 자기

직무가 무엇인지 자기 할 일이 무엇인지 알지 못하면서 교회당으로 가는 이들은, 천국이 아니라 지옥으로 가는 자들일 수 있다."

하나님은 일하시는 하나님이시며요 5:17, 우리를 통해 세상을 다스리는 분이십니다. 그러므로 그리스도인에게 있어서 일과 직업의 목적은 생계 유지와 자아 실현에 그치지 않습니다. 우리가 하는 일을 통해 하나님을 섬기고 이웃을 사랑하는 데까지 나아가야 합니다. 그런 차원에서 우리의 일에 담긴 궁극적인 목적은 세상에서의 평판이나 지위, 소득의 많고 적음이 아닌, 하나님을 사랑하고 이웃을 사랑하는 것이어야 합니다.

A. W. 토저Aiden Wilson Tozer는 이렇게 말했습니다. "거룩한 마음으로 세상의 직업에 충실하면 그것은 더 이상 세속적인 것이 아니라 하나님께 바치는 삶의 일부가 된다." 하나님은 우리에게 각각 다른 재능과 일을 주셨고 그 가운데서 하나님을 사랑하고 이웃을 사랑하게 하셨습니다. 그러므로 우리는 하나님께서 맡겨주신 자리에서 최선을 다해야 합니다. 학생이든, 직장인이든, 의료인이든, 목회자든, 주부든, 음악가든, 정치인이든 이 사실은 모두에게 적용됩니다. 모두가 모두에게 친절해야 하는 것은 물론, 모든 일에 신실한 사람이 되어야 하는 것입니다.

직부심이
있어야 한다

심리학자들은 어떤 일을 할 때 그 일에 대한 생산성과 효율성을 높이는 가장 좋은 마음이 '자부심'이라고 말합니다. '직부심'은 직업에 대한 소명의식과 자부심을 뜻합니다. 같은 일이라도 내가 어떻게 생각하냐에 따라서 그 일에 대한 마음가짐이 달라집니다.

영국의 유명한 극작가인 셰익스피어William Shakespeare가 식당에서 점심을 먹는데, 많은 사람이 그에게 정중히 인사를 했다고 합니다. 그런데 그 광경을 보던 어느 한 청소부가 쓸고 있던 빗자루를 내던지며 한숨을 쉬었습니다. 많은 사람에게 존경과 사랑을 받고 있는 셰익스피어와 한 끼 밥값을 벌기 위해 마당을 쓸고 있는 자신이 비교되어 한심하게 느껴졌기 때문입니다. 셰익스피어가 청소부에게 까닭을 묻자 그는 한탄스런 자신의 속마음을 이야기했습니다. 그러자 셰익스피어는 이렇게 말했습니다. "젊은이, 한탄하지 마시오. 내가 하는 일은 펜으로 우주의 일부분을 아름답게 묘사하지만, 젊은이는 그 빗자루로 하나님이 지어 놓으신 우주의 한 부분을 아름답게 관리하는 책임을 감당하고 있는 것이요. 만일 그대가 이 사명을 감당하지 않으면 하나님이 지어 놓으신 지구의 한 모퉁이가 더러워지지 않겠소." 그 청소부는 자신의 직업이 천직天職으로 인정받자 자부심을 회복하고 다시 힘차게 청소를 하였습니다.

우리에게 만왕의 왕이신 하나님의 자녀라는 영적 자부심이 있다면, 우리는 그 자부심을 통해 무슨 일을 하든지 가치를 두고 일할 수 있습니다. 매일 반복되는 일이라 할지라도 하나님께 기도하며 그 안에서 의미를 발견할 수 있습니다.

체력 단련을 할 때 같은 동작을 여러 번 반복하면 민첩성과 유연성이 만들어집니다. 운동선수라면 민첩하게 움직이고 유연하게 동작해야만 근육의 탄력으로 좋은 성적을 얻을 수 있습니다. 같은 동작을 여러 번 반복하는 훈련은 지루하고 많은 시간과 체력을 요구하지만 이러한 반복 훈련을 통해 얻는 결과는 아주 유익하기에 필수적입니다.

내가 하는 일도 마찬가지입니다. 우리가 회사나 일터에서 일할 때 비슷하거나 같은 일을 여러 번 반복할 수 있습니다. 이때 작은 일이라고 불평해선 안 됩니다. 사명감을 가지고 긍정적이고 즐거운 마음으로 일을 해야 합니다. 그래야만 영적 근육도 단련되고 일의 보람과 성취도도 높일 수 있습니다.

사도 바울은 골로새 교회의 성도들에게 보낸 편지에서 "무슨 일을 하든지 마음을 다하여 주께 하듯 하고 사람에게 하듯 하지 말라"골 3:23고 말했습니다. 당시 초대교회 그리스도인 가운데에는 이방인 상전을 모시고 일하는 노예나 종들도 꽤 많았습니다. 이런 자들에게 무슨 일을 하든지 주님을 섬기는 마음으로 하라고 권면한 것입니다. 이렇게 영적 사명감과 직부심을 가지고 일할 때 하나님의 상급이 있는 것을 기억해야 합니다.

열정의 마그마가
끓어오르게 하라

무슨 일을 하든지 열정이 있어야 합니다. 미국 제너럴 일렉트릭GE, General Electric의 잭 웰치Jack Welch 전 회장은 철도 역무원의 아들로 태어나 대학에서 화학을 전공했습니다. 졸업 후 GE에 입사하여 GE 역사상 45세에 최연소 회장의 자리에 올랐습니다. 20년간 회장으로 재임하면서 수많은 신화를 남겼습니다. 그의 재임 기간 중 GE의 주가는 40배 상승하였고, 그가 주도한 여러 가지 경영 혁신은 20세기의 경영학을 새롭게 썼다는 평가를 받습니다. 그가 퇴임 때 어느 기자가 "리더의 가장 큰 덕목을 하나만 고른다면 무엇을 들겠습니까?"라고 질문했습니다. 그 질문에 잭 웰치 회장은 주저하지 않고 대답했습니다. "열정passion입니다!"

예수님도 열정의 본을 직접 보여주셨습니다, "아버지께서 이제까지 일하시니 나도 일한다"요 5:17 "때가 아직 낮이매 나를 보내신 이의 일을 하여야 하리라"요 9:4 주님은 새벽기도, 밤기도, 금식기도 등 열심히 기도하셨고, 치유와 제자 양육과 전도 사역도 열심을 다하셨습니다. 또한 예수님은 늘 성령으로 충만하셨고 성령의 불을 땅에 던지러 오셨습니다눅 12:49. 십자가를 지러 예루살렘으로 올라가는 그 순간에도 사역을 하셨고 십자가 위에서도 기도와 용서의 사역을 하셨습니다.

열정은 성공자의 DNA입니다. 전도서 기자 또한 "네 손이 일을 얻는 대로 힘을 다하여 할지어다 네가 장차 들어갈 스올에는 일도 없고 계획도 없고 지식도 없고 지혜가 없음이니라"전 9:10고 기록했습니다.

사도 바울도 열정적 사역자의 대명사입니다. 그는 예수님과 약 열 살 정도의 나이 차이가 났습니다. 「바울과 테크라 행전Acts of Paul and Thecla」이라는 외경에 보면, 바울의 외모에 대한 묘사가 나옵니다. 바울의 키는 작고 대머리였으며, 다리는 안짱다리이며, 눈썹은 양쪽이 서로 붙었고, 매부리코였다고 합니다. 그러나 그의 풍채는 고상하고 얼굴은 은혜가 충만했다고 합니다. 바울은 예수님을 사랑했고 그 마음속에 이방인 복음전도에 대한 열정이 아주 뜨거웠습니다. 안디옥 교회에서 선교사로 처음 파송된 때가 그의 나이 41세였고 순교한 때가 62세이므로 약 21년 동안 바울은 뜨거운 선교의 열정을 가지고 하나님의 사명을 감당했다고 볼 수 있습니다. 사도 바울에게 역사하는 성령의 불로 말미암아 그가 가는 곳마다 차

갑고 냉랭한 사람들의 심령에 성령의 불을 붙였습니다.

감리교를 창시한 영국의 존 웨슬리John Wesley도 영국이 위기에 빠졌을 때 "당신의 영혼에 하나님의 불을 붙이라!"고 외쳤습니다. 우리 심령에 성령의 불이 붙어야 합니다. 그래야 자신이 하는 일에 열정적으로 임할 수 있습니다. 교회도 마찬가지입니다. 성령의 불이 붙어야 합니다. 그래야 미지근하게 믿지 않고 뜨겁게 신앙생활을 할 수 있습니다. 전도와 선교에 대한 뜨거운 사명도 능히 감당할 수 있습니다.

사명자는 열정이 있어야 합니다. 아무것도 하지 않고 원하는 바를 이루어 낼 수 없습니다. 다른 사람들이 무엇인가를 해 주었으면 하는 의존적인 마음은 사명자로서 적합한 태도가 아닙니다. 길이 있어야만 열정이 만들어지는 것이 아닙니다. 열정이 있으면 길은 열리게 되어 있습니다. 열정enthusiasm이란 영어 단어는 '하나님 안에in God'라는 의미를 내포하고 있다고 합니다. 우리는 날마다 열정의 에너지를 하나님으로부터 충전 받아야 합니다. 이렇게 기도해 봅시다. "하나님 저에게 하나님의 열정을 부어 주세요!"

매일의 성실함이
중요하다

일과 사명에 대해 긍정적인 사람은 성실합니다. 현재present는 하나님의 은혜의 선물present입니다. 매일 현재에 감사하며 성실하게 사는 것이 중요합니다. 밀레Jean-François Millet의 대표적인 명화 중 하나인 「만종」의 원제는 '안젤루스Angelus'입니다. 이 단어는 '오전, 정오, 오후에 세 번 종을 칠 때마다 드리는 기도'라는 의미입니다. 그림을 보면 한 농부가 교회의 종소리에 일손을 멈추고 경건하게 기도하는 모습이 나오는데, 이 그림을 자세히 살펴보면 매우 중요한 사실을 깨닫게 됩니다. 태양 광선이 비취는 곳이 농부의 머리나 교회의 종탑이 아니라는 사실입니다. 태양 광선은 농기구에 초점이 맞추어져 있습니다. 여기에는 화가 밀레의 심오한 철학이 담겨 있습니다. 밀레는 이 그림을 통해 '노동의 신성함'을 표현하고자 했습니다. 그래서 농기구에 밝은 태양 광선을 비춘 것입니다.

노동은 거룩합니다. 세상에서 가장 행복한 사람은 즐거운 마음으로 땀을 흘려 일하는 사람입니다. 그래서 사도 바울도 데살로니가 교회의 교인들에게 강력히 권면했습니다. "너희에게 명한 것 같이 조용히 자기 일을 하고 너희 손으로 일하기를 힘쓰라"살전 4:11 우리는 하루 하루 땀을 흘려야 하고 성실해야 합니다. 우리가 성실함으로 살지 않으면 하늘의 은혜와 능력이 주어지지 않을 것입니다. 게으른 자는 개미로부터 그 성실함을 배우라고 성경은 말합니다.

> "게으른 자여 개미에게 가서 그가 하는 것을 보고 지혜를 얻으라 개미는 두령도 없고 감독자도 없고 통치자도 없으되 먹을 것을 여름 동안에 예비하며 추수 때에 양식을 모으느니라"_ 잠언 6:6-8

이 세상에서 가장 중요한 시간은 바로 지금이고 우리는 주님의 성실을 우리 먹거리식물로 삼아야 합니다시 37:3. 주님이 성실하신 것처럼 우리도 성실해야 합니다. 세상에 공짜는 없고 인생은 심은 대로 거둡니다.

영국의 시인 조셉 키플링Joseph Kipling은 "나라를 위해 충성을 다하는 것은 별다른 것이 아니라 보이는 연장을 잡아 눈앞에 있는 작은 일에 최선을 다하는 것"이라고 했습니다. "자기 자리를 떠날 때 더러워진다Dirty is out of the place"라는 속담이 있습니다. 강물 속에서 고기가 헤엄칠 때에는 아름다워 보입니다. 그러나 그 고기가 우리 침대 위에 누워 있으면 더럽게 느껴질 수 있습니다. 그것은 그 아름다운 물고기가 적합하지 않은 장소에 있기 때문입니다. 논밭에서는 흙이 꼭 필요하지만 그것이 방바닥에 있으면 청소해야 할 더러운 것이 될 수 있습니다. 사람마다 가정, 회사, 교회 등 삶의 영역에서 주어진 자리가 있습니다. 맡은 자리에서 성실과 충성으로 일할 때 우리는 아름답고 가치 있는 존재가 됩니다.

형들의 속임수와 배신으로 보디발 장군의 노예로 팔린 요셉은 이후 보디발 아내의 모함으로 억울한 감옥생활도 하게 되었습니다. 그러나 요셉은 어떤 환경에 처하든, 일관된 삶의 태도가 있었는데 그것은 바로 '섬김'이었습니다. "요셉이 그의 주인에게 은혜를 입어 섬기매"창 39:4 "친위대장이 요셉에게 그들을 수종들게 하매 요셉이 그들을 섬겼더라"창 40:4 여기 보면 '섬긴다'는 단어가 반복됩니다. 요셉은 언제 어디서나 섬기는 삶을 살았습니다. 히브리어에서 '섬김ד עבד, 아바드'이란 말은 '자신의 일에 대한 성실함'과 '하나님을 예배하는 삶'에 대해 같이 사용하고 있는 단어입니다. 요셉은 어떤 문제나 환경에 상관없이 하나님을 신실하게 예배하며 맡겨진 일을 성실하게 감당한 것입니다. 매일의 성실함은 그 사람의 신실함을 보여주는 하나의 거울이 됩니다.

죽기 전까지
평생 사명자다

우리는 죽기 전까지, 한순간도 예외 없이 사명자로서 살아갑니다. 이 사실을 기억하며, 나이가 들었다고 사명을 포기하거나 게을러져서는 안 됩니다. 성경의 믿음의 인물들은 나이가 들어서 쓰임 받은 자들이 많습니다. 아브라함은 75세에 부름을 받아 90세에 가나안을 찾아갔으며 100세에 아들 이삭을 낳았습니다. 모세는 80세에 출애굽의 소명을 받고 이스라엘 민족을 가나안으로 인도했습니다. 갈렙은 85세에 헤브론 산지를 점령했습니다. 갈렙은 85세임에도 신체가 강건했고 정신적으로 늙지 않았습니다. 그것은 그가 하나님의 약속의 말씀에 대한 기대감을 가지고 기다렸기 때문입니다수 14:9. 40세에 가나안 땅을 탐지한 후에, 45년간 하나님의 약속을 바라본 것입니다.

> "이제 보소서 … 이스라엘이 광야에서 방황한 이 사십오 년 동안을 여호와께서 말씀하신 대로 나를 생존하게 하셨나이다 오늘 내가 팔십오 세로되 모세가 나를 보내던 날과 같이 오늘도 내가 여전히 강건하니 내 힘이 그 때나 지금이나 같아서 싸움에나 출입에 감당할 수 있으니" _ 여호수아 14:10-11

갈렙은 하나님의 꿈을 바라보았기 때문에 영육 간에 강건했습니다. 그는 지도자인 여호수아의 허락을 받고 헤브론 산지를 공격하여 점령했습니다. 나이가 젊어도 하나님의 사명과 꿈이 없는 자는 정신적으로 늙은 것이며 영적으로 약한 것입니다. 그러나 나이가 들어도 하나님의 약속의 말씀과 사명을 붙들고 사는 사람은 정신적으로 건강하고 지치지 않으며 영적인 성장을 이룰 수 있습니다.

예수님의 제자들은 일찍 죽었지만, 사도 요한은 90세가 넘도록 살다가 에게 해의 밧모섬에 유배되었습니다. 기독교가 로마황제의 핍박을 받던 그 때에, 부활하신 주님은 요한에게 나타나셔서 마지막 사명을 주셨습니다.

> "주의 날에 내가 성령에 감동되어 내 뒤에서 나는 나팔 소리 같은 큰 음성을 들으니 이르되 네가 보는 것을 두루마리에 써서 에베소, 서머나, 버가모, 두아디라, 사데, 빌라델비아, 라오디게아 등 일곱 교회에 보내라" _ 요한계시록 1:10-11

주님은 종말에 대한 하나님의 계시인 요한계시록을 기록하는 사명을 위해 요한을 그때까지 살려두신 것입니다. 하나님의 사명이 남아있는 자는 죽을 수 없습니다. 우리는 누구나 사명을 띠고 이 세상에 보내심을 받았습니다. 환경이나 나이 핑계를 대지 말고 그 사명이 다할 때까지 최선을 다해야 합니다.

18세기 미국의 1차 대각성 운동을 일으켰던 조지 휫필드George Whitefield는 수많은 사람을 회심시킨 능력있고 열정적인 설교자였습니다. 사역에 대한 사명감과 열정 때문에 새벽 1시까지 설교할 때도 있었습니다. 그의 제자들이 "목사님, 너무 바쁘게 사역하시는데 이제 쉬어가면서 하시지요"라고 말하자 그는 이렇게 대답했습니다. "난 녹슬어 없어지기보다 닳

아 없어지길 원한다." 그는 죽을 때까지 하나님 사명에 헌신한 부흥사였습니다. 이와 같이 우리도 주님 부르실 때까지 영적으로 녹슬지 않고 영적 생기를 유지해야 할 것입니다.

한국의 김익두 목사님은 천국 가는 날까지 열정적으로 복음을 전파하고 치유하는 사역을 하셨습니다. 어린 시절 그는 가난했고 집안 배경도 없어서 과거 급제는 꿈도 꾸지 못했습니다. 열일곱 살에 사업을 시작했지만 거듭되는 실패로 낙담하여 술로 그 쓰라린 마음을 이기려고 했습니다. 동네에 유명하다는 싸움꾼도 한 주먹에 쓰러뜨릴 정도로 힘이 셌습니다. 그렇게 세월을 보내다 우연히 스왈렌W. L. Swallen, 소안련 선교사님이 인도하는 집회에 참석하여 예수님을 영접하게 되었고 스물일곱 살에 선교사님으로부터 세례침례를 받고 복음을 전하기 시작했습니다. 황해도에서 주먹 꽤 잘 쓰는 사람으로 소문이 났지만, 예수님을 믿고 복음을 증거한 이후로는 조롱을 당하고 돌팔매질을 당해 피를 흘리기도 했습니다. 그런 중에도 목사님은 복음증거의 사명을 포기하지 않았습니다.

1906년 평양신학교에 입학한 이후로 신천교회 강단에서 생을 마칠 때까지, 평생 한 교회만을 섬기며 사역했습니다. 1919년 10월에 한 교회에서 집회를 마친 다음, 동료 목사와 마가복음 16장 17절에서 18절에 "믿는 자들에게는 이런 표적이 따르리니 곧 그들이 내 이름으로 귀신을 쫓아내며 새 방언을 말하며 병든 사람에게 손을 얹은즉 나으리라"는 말씀을 가지고 토론을 하였습니다. 그리고 그 말씀처럼 나에게도 이런 영적인 능력을 허락해 달라고 하나님께 간절히 기도했습니다.

그러던 어느 날 10년 전부터 아래턱이 빠져 갖은 방법을 다 해도 고칠 수가 없던 한 성도에 대한 사랑의 마음이 불 일듯 일어나게 되었습니다. 김익두 목사님은 3일간 금식기도하고 그 성도에게 "믿사오니 이 소자의 떨어진 턱을 붙여 주옵소서"라고 기도하는데 놀랍게도 턱이 정상으로 치료받는 기적이 일어났습니다. 이후로 등이 굽은 곱사병자, 한센병 환자, 폐병 환자, 혈루병자 등 무려 1만여 명의 병자들이 김익두 목사님의 집회에서 예수님의 이름으로 고침을 받았습니다.

6·25가 일어난 해인 1950년 10월 14일 새벽에 목사님은 신천교회에서 새벽예배를 드리고 있었습니다. 그때 공산당이 난입을 했는데. 새벽기도를 드리던 목사님을 향해 무차별 사격을 하였고 목사님은 그 자리에서 소천하셨습니다. 김익두 목사님은 천국에 가시는 그날까지 복음증거에 대한 사명감을 갖고 열정적으로 사역을 했습니다. 우리도 믿음의 선배들을 본받아 하나님 앞에 가는 그날까지 사명감을 가지고 맡겨진 일에 충성해야 할 것입니다.

하나님이 각 사람에게 일과 사명을 주셨음을 기억하며 긍정의 자화상과 긍정의 태도를 가지고 일해야 합니다. 매일 성실하게 열정을 가지고 일해야 하며 재미있고 의미 있게 일해야 합니다. 맡겨진 일에 충성된 자에게 반드시 하나님의 상급이 주어질 것입니다.

> "보라 내가 속히 오리니 내가 줄 상이 내게 있어 각 사람에게 그가 행한 대로
> 갚아 주리라 나는 알파와 오메가요 처음과 마지막이요 시작과 마침이라"
> _ 요한계시록 22:12-13

여러분 모두가 하나님의 사명을 위해 헌신함으로 성공적이고 행복한 인생을 살아갈 수 있기를 소망합니다.

Positivity Quotient Check List
절대긍정지수 체크 리스트 ☑

당신의 사명긍정지수(PQ)는?
각 문항을 읽고 해당하는 칸에 체크해 봅니다.

측정 문항	전혀 아니다 1점	아니다 2점	보통 이다 3점	그렇다 4점	매우 그렇다 5점
1. 내가 하고 있는 일을 즐기고 있다.					
2. 내가 하는 일이 하나님의 사명이라고 생각한다.					
3. 어려운 일을 만나면 포기하기보다 도전하고 싶은 마음이 생긴다.					
4. 일할 때 아이디어가 종종 떠오르는 편이다.					
5. 일하기 전에도, 일을 할 때도 하나님께 기도 한다.					
6. 일할 때 주위 사람들을 배려하며 친절하게 일한다.					
7. 일할 때 열정을 가지고 한다.					
8. 어디서나 맡겨진 일에는 작은 것이라도 최선 을 다한다.					
9. 나이가 들었다고 일이 없거나 사명이 끝났다 고 생각하지 않는다.					
10. 일을 더 잘하기 위해 체력관리도 잘하는 편이다.					

각 문항마다 체크한 점수를 합산합니다.
사명긍정지수 합계 (   )점

The Miracle of
Absolute Positivity

다만 여호와^{아훼}를 거역하지는 말라
또 그 땅 백성을 두려워하지 말라
그들은 우리의 먹이라
그들의 보호자는 그들에게서 떠났고
여호와^{아훼}는 우리와 함께 하시느니라
그들을 두려워하지 말라

민수기 14장 9절

오중긍정(4): 환경에 대한 긍정

The Miracle of
Absolute Positivity

오중긍정(4):
환경에 대한 긍정

> 소망은 볼 수 없는 것을 보고
> 만질 수 없는 것을 느끼고 불가능한 것을 이룬다.
> - 헬렌 켈러

우리의 생각이나 행동은 환경의 영향을 받습니다. 반대로 우리가 가진 태도가 환경에 영향을 미치기도 합니다. 인생을 살아가면서 마주하는 여러 가지 어려움과 고난의 환경은 하나님을 믿는 사람에게도 주어지는 것들입니다. 하지만 어두움 속에 별이 빛나는 것처럼, 고난의 환경은 긍정성이 빛을 발할 토양이 될 수 있습니다. 이때 중요한 것이, 문제 앞에서 긍정의 태도를 갖는 것입니다. 긍정의 태도는 문제를 돌파해 가는 열쇠입니다.

또한 우리는 자신이 속한 공동체라는 환경으로부터 영향을 주고받습니다. 따라서 나 자신과 이웃뿐 아니라 내가 속한 교회, 학교, 회사 등의 공동체에 대한 긍정의 태도는 매우 중요합니다.

문제의 파도를 뛰어넘으라

제가 미국 워싱턴순복음제일교회에서 만났던 한 부부의 이야기입니다. 그 부부는 아이를 갖기 위해 백방으로 노력했지만 결혼한 지 20년이 넘도록 아이가 생기지 않았습니다. 열심히 기도하면서 병원을 찾아 각종 검사를 받고, 임신에 도움이 된다는 좋은 약과 음식을 먹었지만 아무 소용이 없었습니다. "남편에게 문제가 있어 아이를 가질 수 없다"라는 의사의 말에 결국 부부는 아이 가지는 것을 포기하고 말았습니다.

그런데 이 부부가 한국에 있던 제 소식을 듣게 되었습니다. 제가 결혼 17년 만에 기도하고 딸을 낳았다는 것을 알게 되자, 부부에게는 새로운 꿈이 생겼습니다. 백방으로 노력해 온 것은 물론, 의학적으로도 불가능하다고 했지만, 하나님이 도우시면 아이를 낳을 수 있다는 절대긍정의 믿음을 갖게 된 것입니다. 그 결과, 다시 소망을 갖게 된 부부는 믿음으로 다시 기도했고 하나님이 기적을 베풀어 주셔서 아이를 갖게 되었습니다. 당시 집사님의 나이가 만 52세였습니다. 결혼 23년 만에 귀한 아이를 얻게 된 것입니다. 문제가 있을 때 낙심하지 않고 긍정의 기대감으로 하나님을 의지하자 하나님이 은총을 베풀어 주셨습니다.

문제보다 더 중요한 것은 문제를 대하는 태도입니다. 문제가 발생할 때, 우리는 남을 탓하거나 환경을 탓하는 경우가 많습니다. 그러나 이런 태도는 문제 해결에 전혀 도움이 되지 못합니다. 문제를 통한 하나님의 섭리를 생각하며 긍정의 자세로 나아가야 합니다. 가나안 땅을 탐지하고 돌아온 열 명의 정탐꾼이 부정적인 보고를 했을 때, 온 이스라엘 백성은 낙심했습니다. 그러나 이때 여호수아와 갈렙은 믿음의 고백을 합니다. "다만 여호와^{야훼}를 거역하지는 말라 또 그 땅 백성을 두려워하지 말라 그들은 우리의 먹이라 그들의 보호자는 그들에게서 떠났고 여호와^{야훼}는 우리와 함께 하시느니라 그들을 두려워하지 말라"^{민 14:9} 같은 어려운 상황에서도 여호수아와 갈렙은 믿음의 눈으로 문제를 본 것입니다.

제가 좋아하는 찬양 중에 '주 품에'라는 곡이 있습니다.

주 품에 품으소서 능력의 팔로 덮으소서

거친 파도 날 향해 와도 주와 함께 날아오르리

폭풍 가운데 나의 영혼 잠잠하게 주를 보리라

찬양의 가사처럼 우리 삶에도 파도가 다가옵니다. 가정의 문제, 직장의 문제, 건강의 문제 등 문제의 파도는 우리를 향해 끊임없이 밀려옵니다. 작은 파도로 밀려올 때도 있지만 때로는 우리를 휩쓸어버릴 것처럼 큰 파도로 다가오기도 합니다. 하지만 주님과 함께하는 사람은 파도를 두려워하지 않고 그 파도에 올라타 높이 하늘로 오릅니다.

파도를 두려워하는 사람은 파도타기의 묘미를 알 수 없습니다. 물살을 헤치고 높이 날아오르는 짜릿한 순간을 경험할 수 없습니다. 여러분의 삶에 어떤 파도가 밀려왔습니까? 파도가 몰려올 때 두려워하지 마십시오. 오히려 주님과 함께 멋지게 그 파도를 타고 날아오르십시오. 어떤 문제가 와도 절대 부정적으로 생각하지 말고 긍정의 생각으로 그 문제를 돌파하십시오.

내 인생의 감독이 되시는 하나님

2000년 7월, 어느 날 한 운전자가 만취 상태로 차를 몰다가 7중 추돌 사고를 냈습니다. 도서관에서 공부를 마치고 오빠가 몰던 차를 타고 집으로 가던 한 학생도 사고의 피해자 중 한 사람이었습니다. 전신 55%에 3도 중화상을 입었던 그 학생은 당시 기준 안면 장애와 지체 장애 1급을 진단 받았습니다. 그 학생은 23살의 이지선 양이었습니다.

그로부터 23년이 흐른 후에 이지선 씨는 모교인 이화여자대학교의 교수가 되어 다시 교정으로 돌아왔습니다. 그녀는 자신의 책 『꽤 괜찮은 해피엔딩』을 통해 이렇게 말합니다. "나는 사고를 당한 사람인가. 아니면 사고를 만났지만 헤어진 사람인가. 사고와 헤어지기까지 긴 시간이 걸렸고 그 과정은 더뎠으며 몸이 아픈 만큼이나 마음도 많이 아팠지만, 조금씩 조금씩 흘려보내듯 헤어졌다. 나는 음주 운전 교통사고의 피해자로 살지 않았고, 그때 그 자리에 마음을 두고 머무르지 않고 매일 오늘을 살았다. … 나는 사고와 잘 헤어진 사람이다."

그녀는 교통사고로 이전의 삶을 모두 잃었습니다. 그녀를 기다리고 있었던 것은 수십 번의 수술을 비롯한, 엄청난 고통뿐이었습니다. 하지만 이지선 씨는 원망하고 분노하는 대신, 자신의 상황을 긍정적으로 바라보며 하루하루 자신의 삶을 만들어갔고, 사회의 어려운 이를 돕는 사회복지학 교수가 되어 후학을 양성하고 있습니다.

그녀는 이렇게 말합니다. "사고 이후 삶이 완전히 달라지면서, 하나님을 바라보는 제 시각에도 완전한 변화가 생겼어요. 하나님이 계획하신 일에, 하나님이 시나리오를 쓰시고 감독하시는 영화에서 나는 출연자임을

깨닫게 되었어요. '하나님의 뜻 가운데 만들어지는 이 꽤 괜찮은 해피엔
딩을 그리는 영화가 끝까지 잘 만들어지도록 한 장면 한 장면 최선을 다
해 살아가야지', '하나님의 계획에 나를 동참시켜 주시는 것이다'라는 것
을 깨닫게 되었고, 그러면서 오히려 더 자유하게 되었던 것 같아요."

하나님은 우리 인생의 영화감독이십니다. 여러분을 위한 멋진 시나
리오를 가지고 계십니다. 멋지고 감동적인 영화로 만드는 능력을 가지
고 계십니다. 인생의 기쁨과 슬픔, 모든 순간이 어우러져 최고의 교향곡
symphony으로 만드십니다. 그러므로 문제를 만날 때 당황하거나 두려워
하지 마십시오. 절대긍정의 믿음을 가지고 계속 전진하십시오. 좋은 일이
반드시 여러분에게 일어날 것입니다.

부정적 과거, 나를 얽매는 방해물이 아니다

제가 지금까지 사역을 하면서 깨달은 사실 하나가 있습니다. 어떤 문
제에서 헤어 나오지 못하거나 문제를 일으키는 사람에게는 공통된 특징
이 있다는 사실입니다. 그것은 자신의 실수나 실패는 물론, 다른 사람에
게 받은 마음의 상처를 끊임없이 되새기고 있다는 것입니다. 과거에 겪었
던 부정적인 일에 매이게 되면, 현재의 일에 충실할 수 없고 미래의 일도

잘 준비할 수 없습니다.

하나님은 우리에게 새 일을 행하시기 전에 "이전 일을 기억하지 말며, 옛날 일을 생각하지 말라"사 43:18고 말씀하십니다. 이 말씀은 출애굽했던 이스라엘 백성처럼 과거의 은혜에만 안주하지 말고 새로운 은혜를 사모해야 한다는 사실을 알려줍니다. 동시에 과거의 상처와 아픔도 떨쳐버려야 함을 시사해 줍니다. 실패한 과거는 미래의 거울이 되어야 하고 성공한 과거는 미래의 디딤돌이 되어야 합니다. 이것은 하나님의 능력을 통해 가능합니다. 하나님 앞에 나오면 예수님의 보혈로 우리의 죄악된 과거, 실패한 과거, 상처받은 과거를 청산할 수 있습니다.

아브라함에게는 부인을 두 번이나 누이라고 속인 과거가 있었고, 야곱에겐 팥죽 한 그릇으로 형의 장자의 명분을 빼앗은 과거가 있었으며, 모세에겐 이집트 사람을 살인한 과거가 있었습니다. 베드로에게도 주님을 모른다고 저주하며 부인한 과거가 있었고, 바울에겐 성령이 충만한 스데반을 죽이는 일에 증인으로 앞장섰던 과거가 있었습니다. 그러나 그들의 인생은 거기서 멈추지 않았습니다. 새롭게 변화되어 하나님의 사명을 위해 놀랍게 쓰임 받았습니다. 여러분의 실수와 상처와 아픔도 이제 마음속에서 떨쳐버리십시오. 예수님의 피로 씻고 망각하십시오.

학자들은 망각도 정신 건강에 중요한 메카니즘 중의 하나라고 말합니다. 어느 정도 기억된 것을 지워버릴 수 있어야 새로운 생각이 잘 떠오를 수 있다는 것입니다. 다람쥐들이 어디에 열매를 숨겨두었는지 잊는 바람에 매년 몇 백만 그루의 나무들이 자랄 수 있다고 합니다. 이전 허물과 상처는 다 지워버리고 주님의 새로운 은혜와 기적을 기대해야 합니다.

행복전도사라는 별명으로 유명한 작가 로랑 구넬Laurent Gounelle이 쓴 『가고 싶은 길을 가라L'Homme Qui Voulait Etre Heureux』라는 책에는 이런 구절이 나옵니다. "우리가 느끼는 두려움은 대부분 머릿속에서 만들어 낸 창작품입니다. 그걸 깨닫지 못하는 것뿐이죠. 걸음마를 배우는 아기를 보세요. 아기가 단번에 성공할 거라 믿나요? 다시 서 보고, 그러다 또 쿵 하고 넘어지곤 하지요. 아기는 평균 2천 번을 넘어져야 비로소 걷는 법을 배웁니다." 어린아이는 자신이 넘어진 것을 기억하지 않습니다. 몇 번을 넘어져도 즐겁게 걷고 달리는 것을 연습합니다. 이제 지나간 실수를 곱씹는다거나, 과거의 상처를 들여다보는 일은 지금 이 순간부터 멈춰야 합니다.

30살에 자기가 만든 회사에서 10년 만에 쫓겨나 우울증에 빠져 인생을 방황했던 스티브 잡스Steven Paul Jobs, 상상력 부족이란 평가로 신문사에서 해고당한 월트 디즈니Walt Disney, 연주 실력이 형편없다는 이유로 공연장에서 쫓겨나 트럭 운전수로 생활을 했던 엘비스 프레슬리Elvis Aaron

Presley, PD였지만 논리가 약하다는 이유로 방송국에서 쫓겨났던 오프라 윈프리Oprah Gail Winfrey, 이혼의 아픔을 겪은 채 정부 보조금으로 간신히 살아가던 중 우연히 쓴 소설로 세계적인 명성을 얻은 해리포터 작가 조앤 롤링Joanne Rowling. 이들의 공통점은 실패를 통해 다시 일어섰다는 사실입니다. 그들은 모두 실패를 실패로 생각하지 않았습니다. 실패의 경험에서 교훈을 얻어 새로운 미래를 열어갔습니다.

미국의 16대 대통령 링컨에 대해 연구한 연구가들에 따르면 링컨은 일생 27번의 실패를 겪었다고 합니다. 그는 무려 27번의 실패와 좌절을 딛고 미국의 16대 대통령이 되어 노예 해방이라는 놀라운 역사를 이루었습니다. 또한 라이트 형제는 805번이나 실패하고 난 후에 비행기를 하늘에 띄울 수 있었습니다. 전구를 발명한 토머스 에디슨은 2,399번의 실험을 실패한 후에 드디어 전구를 발명하게 되었습니다. 문제를 극복하고 성공하려면 과거의 실패와 상처를 청산하고 새 마음, 새 비전을 가져야 합니다.

영적 랜드마크(landmark)를 기억하라

어릴 적 살던 동네에 가면, 옛 기억이 떠오르곤 합니다. 그만큼 추억에는 힘이 있습니다. 우리가 어려운 일을 만날 때에도 과거의 긍정적 경험

을 기억하는 것이 중요합니다. 다윗은 블레셋 장수 골리앗과 싸우기 전에
이렇게 말했습니다.

> "주의 종이 아버지의 양을 지킬 때에 사자나 곰이 와서 양 떼에서 새끼를 물
> 어가면 내가 따라가서 그것을 치고 그 입에서 새끼를 건져내었고 그것이 일
> 어나 나를 해하고자 하면 내가 그 수염을 잡고 그것을 쳐죽였나이다 … 그
> 가 그 짐승의 하나와 같이 되리이다"_ 사무엘상 17:34-36

블레셋의 장수 골리앗이 이스라엘 백성 앞에 나타나자, 모든 사람은
두려워 떨었습니다. 하나님을 모욕하고 이스라엘을 멸시하는 골리앗 앞
에 선뜻 나서는 사람도 없었습니다. 하지만 다윗은 달랐습니다. 들판에서
자기를 지켜주신 하나님을 기억했습니다. 사자의 이빨과 곰의 발톱에서
자신을 지키신 여호와(야훼) 하나님께서 지금도 나와 함께하심을 믿으며 물
맷돌 다섯 개를 들고 당당히 골리앗 앞에 나아가 승리했습니다.

랜드마크는 건물이나 상징물, 조형물 등을 통해 어떤 장소를 상징적
으로 대표하는 것을 말합니다. 뉴욕의 자유의 여신상, 런던의 빅벤, 시드
니의 오페라 하우스, 파리의 에펠탑 등이 대표적인 랜드마크입니다. 한편
외국인들이 생각하는 한국의 랜드마크는 무엇인가 조사해 봤더니, 서울
타워, 경복궁, 전쟁기념관 등이 꼽혔다고 합니다. 본래 랜드마크는 탐험

가, 여행자 등이 특정 지역을 돌아다니다 원래 장소로 돌아올 수 있도록 표식을 해둔 것을 의미합니다.

사무엘상 7장 12절에 보면 "사무엘이 돌을 취하여 미스바와 센 사이에 세워 이르되 여호와아훼께서 여기까지 우리를 도우셨다 하고 그 이름을 에벤에셀이라 하니라"고 말씀하고 있습니다. 이스라엘과 블레셋이 싸울 때 하나님께서 이스라엘을 도와서 이긴 것을 기념하고자 사무엘 선지자가 미스바와 센 사이에 세운 비석인데, 후에 이것이 지명이 되었습니다. 그런데 이 돌은 단지 지역만을 대표하는 것이 아니라 하나님의 은혜를 상기하는 영적 랜드마크라고 볼 수 있습니다.

믿음의 여정에도 랜드마크가 필요합니다. 어려움을 만나 하나님이 계시지 않은 것같이 느껴질 때, 아무리 기도해도 하나님이 응답하지 않으시는 것 같을 때, 우리가 반드시 떠올려야 할 것이 있습니다. 바로 처음 하나님을 만난 날의 감격, 응답받은 기도들, 성령으로 충만케 되었을 때의 기쁨입니다. 그렇기에 회개할 것은 회개하고, 다시 새롭게 하시는 하나님의 은혜와 인도하심을 구해야 합니다. 우리가 마음이 둔해져서 하나님이 베푸셨던 은혜를 기억하지 못하면, 다시 문제에 걸려 넘어지고 시험에 들 수 있습니다. 하지만 하나님의 은혜를 다시 간구하면 자비로우신 하나님이 새로운 기적을 베풀어 주실 것입니다.

긍정의 기도로
문제를 돌파하라

　문제를 돌파하는 또 다른 열쇠는 긍정의 기도입니다. 제가 순복음동경교회의 담임으로 임명받아 갈 당시 교회는 큰 아픔의 상처를 안고 있었습니다. 이전 여의도에서 파송받은 담임 목회자가 교회 모든 재산을 본인 명의로 된 법인으로 바꾼 다음, 조용기 목사님을 등진 것입니다. 그도 모자라 조 목사님을 따르는 성도들을 교회에서 쫓아내 버리기까지 했습니다. 오갈 데가 없어진 성도들은 공원에서 예배드리기도 하고 예배 처소를 찾아 7번이나 이사를 했던 상황이었습니다. 제가 갔을 때는 4층짜리 건물 전체를 빌려 예배를 드리고 있었는데 비싼 월세를 감당하는 일도 쉽지 않아 건축은 꿈도 꾸기 어려운 상황이었습니다.

　이런 상황에서 할 수 있는 일이 무엇일까 찾아보았는데, 오직 기도밖에 없었습니다. 그래서 부임 후 2년 반 동안 새벽기도에 전념하였습니다. 환경 탓하지 않고, 남 탓하지 않고, 원망하지 않고 오직 하나님만을 기대하며 매일 새벽을 깨우며 기도했습니다. 그러자 하나님께서 성도들의 마음속에 하나님의 성전을 지어야겠다는 마음을 주셨습니다. 그리고는 성전 건축의 문을 하나님의 방법으로 열어 주시기 시작했습니다.

한 여집사님이 아이를 7개월 만에 사산하게 되어 핏덩어리 앞에서 장례 예배를 인도하게 되었습니다. 남편은 일본인이었는데 "우리 아기는 이제 어디로 갑니까?"라고 제게 물었습니다. 일본에는 이미 화장 문화가 발달해 있었는데, 기독교 납골당이 없어 대부분 일반 납골당이나 신사나 절에 있는 납골당에 봉안해야만 했습니다. 장례 예배를 마친 후, 무거운 마음으로 기도하는데 성령께서 제 마음에 감동을 주셔서 금요철야 예배 시간에 성도들에게 선포했습니다. "우리 교회 성도가 아이를 사산했는데 우리 교회에 납골당이 없어서 어느 곳에 안치해야 할지 안타까운 상황입니다. 이제 무엇인가를 해야 할 때입니다. 각자 마음에 작정한 대로 헌금을 했으면 합니다."

그날 1억 가까운 헌금이 드려졌습니다. 그리고 다음 주일에는 더 많은 성도가 동참하여 450명이 들어갈 납골당을 준비할 수 있었습니다. 이름도 짓지 못하고 세상을 떠난 그 아이가 첫 자리에 들어갔습니다. 이 일이 성전 건축의 씨앗이 되었습니다. 성도들이 성전 건축을 사모하게 되었고, 더욱 뜨겁게 기도하였습니다. 또한 본격적으로 예배 처소를 찾기 시작하는 가운데 마침내 동경 신주쿠 한복판 대로변에 8층 빌딩을 구입하고 입당할 수 있게 되었습니다.

마음이 낙심되고 힘들 때마다 하나님이 우리의 환경과 처지를 잘 알

◦ 절대긍정의 기적

고 계심을 믿어야 합니다. 그 순간 하나님께 절대긍정의 기도로 나아가야 합니다. "너는 내게 부르짖으라 내가 네게 응답하겠고 네가 알지 못하는 크고 은밀한 일을 네게 보이리라"렘 33:3 어둠 가운데 있을 때에도 모든 좋은 은사와 선물이 하늘에 계신 빛의 아버지께로부터 내려옴을 믿어야 합니다약 1:17. 낙심하지 않고 기도하면 반드시 하나님의 기적을 보게 될 것입니다.

공동체 긍정과 팀 시너지

동물들의 나라에 전쟁이 일어났습니다. 사자가 총지휘관이 되었고 동물들이 사방에서 몰려들었습니다. 모인 동물들은 서로를 쳐다보며 한심하다는 듯이 수군거렸습니다. "당나귀는 멍텅구리라서 전쟁에 방해만 될 테니 돌아가는 게 낫지 않을까?" "토끼 같은 겁쟁이가 어떻게 싸우겠다는 거야!" "개미는 힘이 약한 녀석을 어디다 쓰겠어?" "코끼리는 덩치가 커서 적에게 금방 들통나고 말걸."

이때 총지휘관인 사자가 모두를 향해 큰 소리로 말했습니다. "시끄럽다. 모두 조용히 해라! 당나귀는 입이 길어서 나팔수로 쓸 것이다. 그리고 토끼는 걸음이 빠르니 전령으로 쓸 것이며, 개미는 작아서 눈에 안 띄니

적진에 게릴라로 파견할 것이고, 코끼리는 힘이 세니 전쟁 물자를 운반하는 일을 할 것이다."

전쟁을 위해 모인 동물들의 눈에는 서로의 약점이 먼저 보였습니다. 당나귀의 우둔함 때문에, 토끼의 조심성 때문에, 개미의 약함 때문에, 코끼리의 큰 덩치 때문에 전쟁에서 질 것만 같았습니다. 하지만 사자는 모인 동물들 각자가 가진 강점을 보았습니다. 당나귀의 목청 덕분에, 토끼의 빠른 발 덕분에, 개미의 작은 몸집 덕분에, 힘이 센 코끼리 덕분에 이길 수 있다고 생각했습니다. 이처럼 공동체 내에서 서로 강점에 주목하는 긍정성을 가질 때 시너지synergy가 나오게 됩니다.

팀team이라는 영어 단어에는 이런 의미가 내포되어 있다고 합니다.

함께 힘을 합할 때 혼자서는 생각할 수 없는 지혜가 발휘되고 더 큰 힘이 발생할 수 있습니다. 성경은 이렇게 말씀합니다. "두 사람이 한 사람보다 나음은 그들이 수고함으로 좋은 상을 얻을 것임이라 혹시 그들이 넘어지면 하나가 그 동무를 붙들어 일으키려니와 홀로 있어 넘어지고 붙들어 일으킬 자가 없는 자에게는 화가 있으리라 또 두 사람이 함께 누우면 따뜻하거니와 한 사람이면 어찌 따뜻하랴 한 사람이면 패하겠거니와 두 사람이면 맞설 수 있나니 세 겹 줄은 쉽게 끊어지지 아니하느니라"전 4:9-12

우리는 크든 작든 공동체의 일원으로 살아갑니다. 가정과 학교, 직장과 교회, 지역과 나라, 더 나아가 지구라는 커다란 공동체의 한 사람입니다. 또한 우리는 서로 연결되어 있습니다. 그래서 인생은 홀로 목청껏 부르는 노래가 아니라, 서로의 연주에 귀 기울이고 화음을 만들어내는 교향악과 같습니다. 따라서 내 옆에 있는 사람의 약점이 아니라, 강점을 보아야 합니다. '저 사람 때문에 안 된다'라는 부정적인 생각보다는, '저 사람의 강점과 합하여 성공할 것이다'라는 긍정적인 생각을 가져야 합니다. 곧 내가 속한 공동체에 대해 긍정의 마인드를 가져야 합니다.

긍정의 믿음이
교회를 살린다

어떤 사람이 목사님을 찾아와 문제가 없는 교회를 찾아달라고 말했습니다. 그러자 그 목사님은 이렇게 대답했다고 합니다. "문제없는 교회는 없습니다. 혹시 있다고 해도 알려드릴 수 없습니다. 당신이 들어가는 순간 문제 있는 교회가 될 수 있을 테니 말입니다."

복음을 전하면 '예수님은 좋은데, 교회가 싫어요'라고 말하는 사람들을 만날 때가 있습니다. 스스로 기독교인이라고 하면서 교회 출석은 하지 않는, 이른바 '가나안 성도교회를 안 나가는 성도'가 늘고 있다는 뉴스도 들려 옵니다. '문제없는 교회'를 원한다고 말하는 사람이 있습니다. 하지만 문제없는 인생이 없듯이, 문제없는 교회도 없습니다. 교회 공동체가 부족할 수 있고, 어려운 환경과 여건에 처한 교회들이 있을 수 있어도 교회를 긍정적인 태도로 바라보고 축복하고 세우는 것이 중요합니다.

하나님은 우리를 그리스도의 몸의 지체로 부르셨습니다엡 5:30. 맥스 루케이도Max Lucado 목사님은 『목사님, 사는 게 힘들어요Max On Life』라는 책에서 교회의 한 몸 됨을 이렇게 설명합니다. "머리는 합당한 해답을 찾아야 하고, 눈은 문제를 보아야 하며, 배는 상황을 소화해야 하고, 비장은 박테리아를 제거해야 하며, 손은 보살펴야 하고, 발은 일터로 가야 합니다."

몸의 모든 부위가 중요하듯 교회에 속한 모든 사람이 중요합니다. 그러므로 자신이 속한 교회를 사랑하고, 교회에 속한 사람들을 사랑해야 합니다. 함부로 비판하거나, 섣불리 판단하는 일이 없어야 합니다. 눈에 잘 띄는 일, 멋지게 보이는 봉사처만 찾지 말고, 아무리 작은 일이라도 자신에게 맡겨진 귀한 사명으로 알고 최선을 다해야 합니다.

찬송가 208장 1절에는 '내 주의 나라와 주 계신 성전과 피 흘려 사신 교회를 늘 사랑합니다'라는 가사가 있습니다. 교회는 주님께서 피 흘려 사신 주님의 몸입니다. 주님이 교회를 사랑하시는 만큼 우리도 교회를 소중히 여기고 사랑해야 합니다. 교회를 긍정적으로 바라보고 은혜와 축복의 분위기로 채워야 합니다. 내가 속한 교회와 목회자를 축복하며 기도해야 합니다. 믿음은 긍정입니다. 긍정의 믿음과 말이 교회를 살립니다.

직장과 회사 공동체에 미치는 긍정의 효과

어느 조직체든지 긍정의 사람이 필요하고 중요합니다. 어떤 은행장이 있었는데 인재를 잘 알아보기로 유명한 분이었다고 합니다. 그가 선택하여 중책을 맡긴 간부는 항상 뛰어난 실적을 올렸습니다. 사람들이 그 비법을 물어보자 그는 이렇게 말했습니다. 그분은 고객과 상담을 하던 중 계약 내용에 대해 확인할 일이 생기면 창구 직원을 인터폰으로 부르곤 했는데 이때 직원들의 대답은 크게 두 가지로 나뉘었다고 합니다. 첫 번째 유형이 "손님이 있어서 지금은 못 들어가겠는데요"라고 말했다면, 또 다른 유형은 "손님이 계시니 이 일이 끝나면 곧 들어가겠습니다"라고 대답했다고 합니다. 이런 테스트를 통하여 대답은 비슷하지만 그 직원이 부정적인 사고를 지닌 사람인지, 긍정적인 사고를 지닌 사람인지를 판단할 수 있었다고 합니다. 인재를 채용할 때면 항상 긍정의 태도가 있는가를 첫째 조건으로 삼았고, 단 한 번도 자신의 선택이 틀린 적이 없었다는 것입니다.

뉴욕 메트로폴리탄 생명보험사도 한때 큰 비용을 들여 교육한 신입 사원 중 50%가 1년 이내에 퇴직함으로 어려움을 겪게 되었습니다. 그래서 이 문제를 해결하기 위해 펜실베니아대학교 심리학과 교수들의 도움을 받게 되었습니다. 연구진은 회사원들 가운데 보험 판매를 잘하는 사람들을 조사했는데 그 결과 상위 50%의 긍정적이고 낙관적인 태도를 가진 사람들이 그렇지 않은 50%의 인력보다 37%나 더 높은 보험 판매 실적과 더 낮은 이직률을 보였다고 합니다. 그 이후 회사는 신규 인력을 채용할 때 긍정적이고 낙관적인 사원을 뽑기 위해 노력했고, 그 결과 판매실적이 높아지고 퇴직률도 낮출 수 있었다고 합니다.

직원들이 회사에 대해 긍정적인 태도를 갖지 않는다면 고객들도 회사에 대해 긍정적인 태도를 가질 수 없을 것입니다. 직원들이 회사를 사랑하지 않는 이상, 고객이 그 회사를 사랑하기란 어려울 것입니다. 더 나아가 부정적인 태도를 가진 사람들은 열심히 일할 기회나 조직체에서 성장할 기회도 잃어버리게 됩니다. 회사든, 직원들이든 긍정적인 분위기

positive vibes를 조성해 나가야 합니다.

미국 미시간 대학교의 제인 듀튼Jane Dutton 교수는 '긍정성'이야말로 개인이 가질 수 있는 최고의 무기라고 강조합니다. 긍정성을 갖춘 사람은 무한한 가능성의 영역이 확장되는데, 이는 숨겨져 있는 에너지, 아이디어, 리더십, 용기 등 귀중한 자원을 활용하는 기본이 됩니다. 여러분이 어떤 직장이나 공동체에 속해 있든, '긍정의 힘'으로 성공하게 되기를 소망합니다.

인생을 살다 보면 각자 처한 환경에 감사하거나 긍정하기 어려운 때가 있기 마련입니다. 그때마다 환경을 대하는 긍정적 태도가 중요하다는 사실을 상기해야 합니다. 문제에 직면할 때 남 탓을 하거나 원망하지 말아야 합니다. 부정적인 과거는 청산하고, 하나님의 은혜를 되새기며 긍정의 기도로 돌파해야 합니다. 아울러 내가 속한 교회나 공동체에서 긍정의 태도를 가지고 섬기고 일해야 합니다. 분명 긍정적인 사람에게는 하나님이 복을 주십니다. 그의 인생 가운데 좋은 일을 풍성히 허락하십니다.

Positivity **Q**uotient Check List

절대긍정지수 체크 리스트 ☑

당신의 환경긍정지수(PQ)는?
각 문항을 읽고 해당하는 칸에 체크해 봅니다.

측정 문항	전혀 아니다	아니다	보통 이다	그렇다	매우 그렇다
	1점	2점	3점	4점	5점
1. 문제가 다가올 때 먼저 불평하지 않는다.					
2. 과거의 상처를 곱씹으며 괴로워하지 않는다.					
3. 내게 일어나는 모든 일과 환경도 하나님 섭리 가운데 있다고 믿는다.					
4. 하나님이 내게 주신 은혜를 상기하며 힘을 얻는다.					
5. 어려운 상황이 닥쳐도 하나님이 합력하여 선을 이루실 것을 믿는다.					
6. 내가 속한 공동체에 대해 긍정적으로 생각하는 편이다.					
7. 내가 출석하는 교회를 위해 기도하며 사랑한다.					
8. 내가 다니는 회사(직장)를 아끼며 귀하게 여긴다.					
9. 함께 속한 공동체 사람들을 비판하지 않는다.					
10. 사람들과 함께 하거나 일할 때 항상 긍정적인 태도를 갖는다.					

각 문항마다 체크한 점수를 합산합니다.
환경긍정지수 합계 (   )점

The Miracle of
Absolute Positivity

너희 안에서 행하시는 이는 하나님이시니
자기의 기쁘신 뜻을 위하여
너희에게 소원을 두고 행하게 하시나니
빌립보서 2장 13절

오중긍정(5):
미래에 대한
긍정

The Miracle of
Absolute Positivity

오중긍정(5):
미래에 대한 긍정

> 비전과 꿈은 성령 하나님의 언어이다.
> - 조용기

오중긍정의 마지막은 바로 미래에 대한 긍정입니다. 미래에 대한 긍정은 꿈과 비전을 갖는 사람으로 성장하게 해 줍니다. 하나님은 우리가 꿈꾸는 대로 일하십니다. 그만큼 미래에 대한 기대감을 갖는 것과 어떤 소망과 비전을 갖는지가 중요합니다.

저는 초등학교 6학년 때 흑인 목사님을 처음 보았습니다. 그때는 여의도순복음교회가 서대문에 있던 시절이었습니다. 존 허스톤John Hurston 선교사님과 같은 백인 목사님들만 보다가 처음 흑인 목사님을 보았을 때 신기했습니다. 그때 그 흑인 목사님을 만나고 따라다니다가 이렇게 말했습니다. "제 손의 점 색깔과 목사님의 피부 색깔이 비슷한데 나중에 제가 목사님의 나라에 가서 복음을 전할 거예요."

그 후 세월이 한참 흘렀습니다. 1993년에 조용기 목사님을 모시고 아프리카 케냐에서 '아프리카 성령화 대성회'를 열게 되었는데 강대상에 올라 수많은 사람 앞에서 기도하던 중에 하나님이 27년 전 제가 꾸었던 꿈을 생각나게 하셨습니다. "네가 어린 시절에 흑인 목사를 따라다니면서 아프리카에서 복음을 전한다고 하지 않았느냐? 그 꿈이 오늘 이루어졌다."

저는 어린 시절의 꿈을 잊어버렸지만, 하나님은 그것을 잊지 않으셨습니다. 제 미래에 대해 꿈꾸며 고백했던 말들을 하나님은 기억하고 계셨고 그 꿈이 이루어지도록 인도하셨던 것입니다. 이처럼 믿음 안에서 꿈을 꾸는 것이 중요합니다.

기적은
기대하는 자의 것이다

조용기 목사님께 큰 영향을 미친 사역자 중 한분은 바로 미국의 오랄 로버츠Oral Roberts 목사님입니다. 목사님은 과거에 말더듬이요, 폐병 환자였다가 고침을 받았고 놀라운 신유 사역자가 되었습니다. 하나님의 예언의 말씀대로 오랄로버츠대학교까지 세웠습니다. 로버츠 목사님이 자기 사역의 핵심 원리를 정리하여 자서전을 펴낸 적이 있는데 그 책이 바로 『기적을 기대하라Expect a Miracle』입니다. 자신의 인생을 통해 기적을 체험한 그는 기대하는 마음이 없이는 기적이 일어나지 않는다는 것을 증거하고 있습니다. 내 인생에 놀라운 계획을 가지고 계신 좋으신 하나님을 믿고 기대하면 좋은 일이 일어나고 기적을 경험할 수 있습니다.

"하나님이 자기를 사랑하는 자들을 위하여 예비하신 모든 것은 눈으로 보지 못하고 귀로 듣지 못하고 사람의 마음으로 생각하지도 못하였다 함과 같으니라"_ 고린도전서 2:9

한때 성직자가 되려고 했던 네덜란드의 화가 빈센트 반 고흐Vincent Van Gogh는 1888년 동생 테오에게 다음과 같은 내용의 편지를 보냈습니다. "내 작품이 팔리지 않아도 어쩔 수 없지. 그렇지만 언젠가는 사람들도 내 그림이 거기에 사용한 물감보다, 내 인생보다 더 귀한 가치가 있다는 사실을 알게 될 거야." 오늘날 고흐의 그림은 수백억 원까지 거래가 되고 있습니다. 그러나 그가 그림을 그리던 당시만 해도 당장 필요한 생활비가 없어 고통을 당해야 했습니다. 하지만 그는 절망하지 않았습니다. 자신의 그림이 언젠가는 세상 사람들의 인정을 받을 것으로 믿었습니다. 자신에

━━━━━━━━━━━━━━━━━━━━ 절대긍정의 기적

대해 긍정적인 자화상을 가지고 낙심하지 않았습니다. 긍정의 믿음을 가진 하나님의 사람은 하나님의 기적을 기대해야 합니다. 보지 못하고 듣지 못하고 제대로 말하지 못하는 3중고의 장애를 겪었던 헬렌 켈러Hellen Keller도 "기대감과 꿈이 없는 사람은 불쌍한 사람이다"라고 말했습니다.

자신의 질병에도 불구하고 기도 가운데 자신의 미래를 긍정적인 눈으로 바라보며 꿈꾸었던 한 소년이 있었습니다. 바로 미국 오렌지힐장로교회의 조현철 목사님입니다. 조 목사님은 한 살 때 뇌성마비 판정을 받았습니다. 온몸이 뒤틀리는 뇌성마비 때문에 통증을 달고 살아야 했고, 말을 한 마디 하려면 온몸을 비틀어야만 했습니다.

그러던 그가 중학교 때 예수님을 영접했습니다. 그 후 하나님의 은혜가 임했고 성경을 읽고 기도하는 가운데 자신의 미래를 긍정의 꿈으로 채우는 긍정의 사람이 되었습니다. "약한 자를 들어서 강한 자를 부끄럽게 하신다"고전 1:27라는 말씀이 마음에 감동을 주었습니다. '하나님이 나를 사용하실 것이다. 하나님이 나를 통해서 영광을 받으실 것이다. 난 앞으로 목사가 될 것이다. 목사뿐 아니라 부흥사가 될 것이다!' 그의 마음에 이런 꿈이 들어왔고 자라기 시작했습니다. 주변 사람들은 그것을 헛된 꿈이라고 비아냥거리기까지 했습니다. "아니, 자기 몸도 가누지 못하면서, 말 한마디 하려면 온몸을 비틀어야 하면서 어떻게 목사가 되냐?"라며 부모님도 말렸습니다.

그러나 그는 미국 유학을 꿈꾸기 시작했습니다. 미국 지도를 붙여놓고 밤낮 지도에다 손을 얹고 기도했습니다. "하나님, 제가 미국에 유학을 가서 공부하고 목사가 되게 해 주시옵소서!" 그가 자신의 미래에 대해 긍정의 자세로 기도했을 때 하나님이 그 꿈을 이루어 주셨습니다. 한국에서 신학교를 졸업하고 미국 아주사 퍼시픽 대학교에 가서 석사 학위를 받았습니다. 그리고 지금은 최초의 뇌성마비 목사가 되어 미주 한인 교회에서 목회를 하고 있습니다.

그는 이렇게 고백합니다. "예수님을 만나기 전, 저에게 있어서 장애는 인생을 가로막는 장애물이었습니다. 그러나 예수님을 만나고 나서 저는 꿈을 꾸게 되었습니다. 장애가 더 이상 장애가 아닌 것을 깨닫게 되었습니다. 장애는 더 이상 저에게 어떤 걸림돌이 되지 않습니다. 이제 저의 장애를 하나님 앞에 내려놓습니다. 하나님, 이 장애를 하나님께 드리길 원합니다. 그 장애가 저에게 있어서 더 이상 장애가 아니라, 하나님의 영광을 드러내는 도구로, 하나님의 교회와 가정을 이롭게 하는 축복의 통로가 되게 하여 주옵소서. 하나님은 약한 자를 통해서 강한 자를 부끄럽게 하십니다."

조 목사님은 몸에 중증 장애를 가지고 있었지만 말씀을 붙잡고 기도했습니다. 그런 삶 가운데서 긍정의 믿음과 꿈을 키워나갔고 하나님의 기적을 체험하게 되었습니다.

당신은
하나님의 꿈이다

하나님도 꿈을 꾸는 분이십니다. 하나님의 꿈은 무엇이었습니까? "너희가 내게 대하여 제사장 나라가 되며 거룩한 백성이 되리라"출 19:6고 말씀하신 하나님은 선민 이스라엘에 대한 꿈이 있으셨습니다. 그런데 하나님의 진정한 꿈은 예수 그리스도셨습니다. 하나님은 예수님을 통하여 인류 구원의 꿈을 가지셨습니다. 그래서 예수 그리스도를 보내사 십자가에 죽게 하심으로 우리 죄의 문제를 청산해 주셨습니다. 연약한 사람의 지혜와 힘으로가 아니라, 성령의 능력으로 사는 길을 열어 주셨습니다. 우리의 연약함과 질병을 치유하셨습니다. 우리를 저주에서 속량하시고 축복을 가져오셨습니다. 우리에게 천국과 영생의 길을 열어 주셨습니다. 하나님의 아들 예수 그리스도를 믿는 자마다 이런 놀라운 복을 누리게 하셨습니다. 이제 여러분 한 사람, 한 사람이 바로 하나님의 꿈입니다. 하나님은 여러분을 통하여 그분의 꿈과 사명을 이루기 원하십니다.

사람의 마음에는 두 개의 서로 다른 말이 뛰어다닌다고 합니다. 하나는 절망이라는 검은색 말이고 또 하나는 희망이라는 흰색 말입니다. 인생의 방향은 어떤 말에게 먹이를 많이 주느냐에 달려 있다고 합니다. 우리 마음속에 있는 흰 말에게 먹이를 많이 주어서 희망을 향해 뛰어가도록 해야 합니다. 하나님 말씀의 양식을 먹일 때 희망을 향해 나아갈 수 있습니다.

미국의 자동차 왕인 헨리 포드Henry Ford는 초등학교도 나오지 못했습니다. 그러나 그에겐 꿈이 있었습니다. 그것은 다른 사람이 갖지 못한 한 가지 강력한 자산이었습니다. 그는 달려가는 마차를 보면서 "말이 없이 갈 수 있는 차를 만들 수는 없을까?"라고 생각하며 자동차 사업에 대한 꿈을 가졌습니다. 특히 그가 꿈을 꾸고 실현하는 데 있어, 아내의 격려와 믿음은 큰 힘이 되었습니다. 결국 그는 꿈꾼 대로 말 없이도 갈 수 있는 차를 만들었습니다. 그 차가 바로 포드 자동차였습니다. 부부가 죽은 후에 사람들은 기념관을 세우고 비문을 만들었는데, 그곳에는 이렇게 쓰여 있었습니다. "포드는 꿈의 사람이요. 그의 아내는 믿음의 사람이었다." 이처럼 꿈과 믿음은 최고의 파트너입니다.

무디Dwight Lyman Moody는 "세상 사람들은 보는 것을 믿지만, 신자들은 믿는 것을 보는 사람들"이라고 말했습니다. 하나님은 어떤 사람에게 복을 주고자 하실 때 먼저 그의 마음속에 꿈을 심어주십니다.

제가 일본 동경에서 사역할 때의 일입니다. 동경의 신주쿠 공원이라는 곳에 노숙하는 사람이 많이 있었습니다. 하루는 공원에서 노숙자 한 분을 전도해서 교회로 데려왔는데 그는 본래 전자 관련 사업체를 운영하던 사장이었습니다. 명문 대학 출신에 영어도 잘했지만 부도로 회사가 파산하게 되자 가족을 볼 면목이 없어서 노숙 생활을 하게 된 것입니다. 과거에 사장이었다고 해도 오래 노숙하다 보니 다른 노숙자들과 별반 달라 보이지 않았습니다.

하지만 교회에 나온 후로 그의 모습이 점점 달라졌습니다. 먼저 눈빛이 달라졌습니다. 처음에는 아무런 의욕도 없는 멍한 눈빛이었지만 예배에 나와 말씀을 들으면서 점점 눈빛이 또렷해졌습니다. 어느 때부턴가는 주일에 넥타이를 매고 단정한 옷을 입고 예배드리기 시작했습니다. 시간이 지날수록 노숙자의 모습은 사라지고 결국 완전히 다른 사람이 되었습니다. 나중에 이야기를 들어보니, 말씀을 통해 '내가 이렇게 아무 목적 없이 살면 안 되겠다'라는 생각이 들었고 차츰 일상을 회복하고 싶은 꿈을 갖게 되었다는 것입니다. 그를 변화시킨 것은 그가 품었던 꿈이었습니다. 세상의 꿈이 아닌 하나님이 주신 꿈을 갖게 된 것입니다. 이처럼 그리스도인은 세상의 야망이 아니라 하나님이 주시는 '거룩한 꿈'을 품어야 합니다.

꿈과 비전은
성령의 표적이다

개인과 공동체도, 국가도 꿈과 비전이 없으면 망합니다. "묵시가 없으면 백성이 방자히 행하거니와 율법을 지키는 자는 복이 있느니라"잠 29:18 말씀에서 증거하는 바대로, 하나님의 말씀의 계시와 꿈이 없는 백성은 망합니다. 그런데 우리가 하나님의 꿈을 받고 이루어가려면 성령의 충만을 구해야 합니다. 성령으로 충만할 때 하나님의 지혜와 능력이 임하고 하나님의 비전과 꿈으로 채워지기 때문입니다. 성령을 받는 것은 인생과 믿음의 터닝 포인트가 됩니다. 나를 위해 사는 인생이 아니라 이제 주님의 복음을 위해 사는 인생으로 나아갈 수 있습니다행 1:8.

제 인생의 터닝 포인트는 성령세례침례의 경험이었습니다. 당시에 초등학교 졸업생에 불과했지만 성령세례침례를 받기 전과 받은 후의 제 신앙생활은 180도 달라졌습니다. 성령을 받기 전에는 예수님을 머리로만 믿었습니다. 예수님을 생각해도 마음 깊은 곳에 감동이 없었고 예수님의 십자가를 생각해도 눈물 한 방울 나지 않았습니다. 그런데 성령을 받고 나니 제 마음이 하나님의 사랑에 대한 감동으로 벅차오르기 시작했습니다. 이후 몇 년 동안 예수님의 십자가만 생각해도 눈물이 쏟아지는 경험을 했습니다.

저는 고등학교 1학년 때 반장이 되자 학교에 매일 1시간 일찍 가서 같은 반 친구들의 이름을 하나하나 부르며 그들의 구원을 위해 기도했습니다. 또한 하나님 나라를 위해 제 삶을 온전히 드리는 꿈을 품게 되었습니다. 하나님이 저를 사용할 것이라는 긍정의 믿음을 갖게 되었습니다. 성령을 받은 후부터 어떤 일이 있어도 하나님의 사랑을 의심한 일이 없습니다. 인생의 위대한 터닝 포인트를 원한다면 성령세례침례를 받아야 합니다. 성령님을 사모하고 기도해야 합니다.

선지자 요엘은 말세에 성령이 임할 때 자녀들은 장래 일을 말하고, 늙은이는 꿈을 꾸며, 젊은이는 이상환상을 보게 될 것이라고 예언했습니다욜 2:28. 성령님이 임하면 인생의 나이나 환경과 관계없이 하나님의 꿈을 꾸게 됩니다. 성령충만한 성도들은 하나님의 말씀으로 인도함을 받게 되고 하나님의 말씀을 통하여 비전과 꿈을 갖게 됩니다. 만약 여러분에게 하나님의 말씀이 깨달아지고 그 말씀이 여러분 인생에 비전을 안겨준다면 그것은 성령께서 여러분 안에 역사하고 계시다는 것입니다. 성령님이 임하게 되면 나 혼자 잘 먹고 잘 사는 꿈이 아니라, 거룩한 꿈, 즉 주님과 주님의 복음을 위해 살겠다는 비전을 갖게 됩니다행 1:8.

마음 하늘에
하나님의 꿈이 계시(啓示)되다

하나님은 절대 임기응변으로 일하시지 않습니다. 미리 계획하시고 준비하십니다. 우리 인생을 인도하실 때도 하나님은 우리의 마음속에서 준비를 시키십니다.

"너희 안에서 행하시는 이는 하나님이시니 자기의 기쁘신 뜻을 위하여 너희

에게 소원을 두고 행하게 하시나니" _ 빌립보서 2:13

여기서 '소원'이란 바로 꿈을 의미합니다. 우리가 기도하면 성령 하나님께서 우리 마음속에 거룩한 소원을 주시고 꿈을 꾸게 하십니다. 조용기 목사님은 "비전과 꿈은 성령님의 언어이다Visions and dreams are the language of the Holy Spirit"라고 말한 바 있습니다. 비전과 꿈은 영의 언어이기 때문에 우리가 영으로 기도할 때 더 활성화됩니다. 우리가 하나님의 꿈을 갈망하면 하나님은 우리에게 말을 걸어오십니다. 그래서 우리가 나아갈 바를 알려 주십니다. 이성과 환경과 감각을 뛰어넘어 하나님의 꿈을 품게 하십니다.

"뜻이 하늘에서 이루어진 것 같이 땅에서도 이루어지이다"마 6:10 주기도문에는 하늘에서 먼저 뜻이 이루어져야 땅에서도 이루어진다는 기도

가 나옵니다. 조용기 목사님은 "하늘에는 천국 하늘만 있는 것이 아니라 신자의 마음 하늘도 있다"라고 말했습니다. 하나님의 영이신 성령이 신자의 몸과 마음을 성전 삼고 내주하시기 때문입니다. 그래서 우리가 기도할 때 하나님의 뜻이 성령을 통하여 마음 하늘에 계시가 되고 그 뜻이 삶 가운데 이루어지는 것입니다.

우리의 믿음이 강해지고 하나님의 말씀이 내 안에 역사하면 하나님의 사명과 꿈이 우리 안에서 더 강력하게 역사합니다. 그래서 우리의 지식이나 학력, 우리의 외모나 재물 등이 우리 인생을 인도하는 것이 아니라 하나님의 꿈이 우리 인생을 인도하게 됩니다. 우리가 공부하는 것도, 돈을 버는 것도, 사업하는 것도, 식사나 운동을 하는 것도, 모든 것을 하나님의 비전과 영광을 위해 하게 됩니다고전 10:31.

고난과 꿈은 친구다

고난은 하나님의 꿈과 친구 관계라고도 할 수 있습니다. 아브라함의 부인이었던 사라는 계속 임신을 하지 못했는데, 이것은 하나님의 훈련 커리큘럼에 따른 것이었습니다. 인내하는 것과 하나님의 약속에 대한 믿음을 갖는 훈련을 시키신 것입니다. 결국 아브라함이 100세가 되었을 때 아들을 얻는 기적을 보게 되었습니다.

요셉도 자기가 꾼 꿈으로 인해 형들에게 미움을 받아, 말할 수 없는 연단의 과정을 거쳐야 했습니다. 꿈 때문에 노예로 팔려 갔고, 억울하게 누명을 쓰고 감옥에 갇혔습니다. 더 나아가, 꿈을 해몽해 주어 복직하게 된 술 맡은 관원장이 자신을 까맣게 잊어버리는 바람에 감옥에서 2년이라는 인내의 시간을 보내야 했습니다. 하지만 때가 이르자 하나님이 그를 높여 주셨고 애굽의 총리가 되게 하셨습니다. 요셉은 꿈이 이루어지기까지 무려 13년간 온갖 고난을 겪었습니다. 이처럼 꿈의 결과는 아름답지만, 그 꿈이 이루어지는 과정은 평탄치 않기 마련입니다. 하지만 고난을 두려워할 필요는 없습니다. 꿈꾸는 사람에게 고난은 꿈이 이루어지는 축복의 통로이기 때문입니다. 성경은 그 사실을 이렇게 기록합니다.

> "그가 한 사람을 앞서 보내셨음이여 요셉이 종으로 팔렸도다 그의 발은 차꼬를 차고 그의 몸은 쇠사슬에 매였으니 곧 여호와야훼의 말씀이 응할 때까지라 그의 말씀이 그를 단련하였도다"_ 시편 105:17-19

성경은 "하나님의 말씀이 그를 단련했다"라고 말합니다. 꿈을 믿기 힘든 환경 가운데서도 말씀을 바라보고 믿게 하는 것이 바로 꿈이 이루어지는 과정입니다.

하나님은 온 세상을 물로 심판하시기 전에 노아에게 방주를 만들라고 말씀하셨습니다. 3층으로 방주를 만들고 난 다음 방주의 천장 꼭대기에서 한 규빗사람 손가락에서 팔꿈치 길이, 약 45~50cm 정도의 창문을 내라고 하셨습니다창 6:16. 옆으로는 창문이 없었기 때문에 40일 동안 물이 창궐하여 넘쳐나는 동안 노아는 홍수를 보지 못했습니다. 창문을 열면 하늘밖에 보이지 않았습니다. 하나님은 홍수가 창궐할 동안에도 노아로 하여금 하늘만 쳐다보게 하셨습니다.

"사방은 막혀 있어도 오방은 열려 있다"라는 말이 있습니다. 하늘은 열려 있다는 것입니다. 홍수와 같은 고난을 당할 때 우리를 낙심하게 하고 두렵게 하는 환경을 바라보지 말고 오직 하늘을 바라봐야 합니다. 하나님의 꿈과 말씀만 바라봐야 합니다.

고난을 통해 우리는 하늘을 바라보는 훈련을 하게 되고 그 가운데서 겸손을 배우게 됩니다. 겸손이 훈련되지 않으면 하나님의 꿈이 이루어질 때 자신이 잘나서 꿈을 이룬 것으로 착각하기 쉽습니다. 그러나 고난을 통해 겸손해진 자는 꿈이 이루어질 때 모든 영광을 하나님께 돌리게 됩니다. 고난 속에서도 하나님의 주권과 섭리를 믿고 그 믿음 가운데서 인내합시다.

꿈을 시각화하고
구체적으로 기도하라

꿈을 이루려면 꿈을 시각화visualization해야 합니다. 아직 꿈이 이루어지지 않았어도 꿈이 이루어진 모습을 바라볼 수 있어야 합니다. 믿음의 눈으로 하나님의 비전을 바라보며 계속 그림을 그려야 합니다. 하나님은 아브라함의 믿음을 훈련시키실 때 믿음으로 그림을 그리는 훈련을 시키셨습니다. 밤 하늘의 별들을 바라보게 하시고 또 바닷가의 수많은 모래알들을 바라보게 하셨습니다창 13:14-15, 15:5. 불가능해 보이는 현실 속에서 하나님의 말씀과 약속을 계속 바라보는 것이 진짜 믿음입니다.

미국의 한 카운슬링 회사의 사장인 팜 론토스Pam Lontos는 젊었을 때 굉장히 뚱뚱했고 18시간 이상 잠을 자며 늘 우울하고 절망적인 마음을 가지고 살았습니다. 그러나 어느 순간, 그녀의 마음이 달라졌습니다. '이렇게 살아서는 안 된다. 반드시 변화되어야겠다'라고 생각하기 시작한 그녀는 그때부터 긍정적인 메시지가 담긴 카세트 테이프를 하루 종일 들었습니다. 자기에 대해서 긍정적인 말도 50번 이상씩 하기 시작했습니다. "나는 괜찮은 사람이다. 패배한 사람이 아니다. 나도 잘될 수 있다"라고 고백한 것입니다. 더 나아가 멋진 배우의 사진을 벽에다 붙여놓고, 자기 사진에서 얼굴만 떼어 그 배우의 목에다 붙이기도 했습니다. 그것을 보고서

웃고 즐거워하며 "내가 저 사람과 같다"라고 고백했습니다.

신기하게도 어느 순간부터 변화가 찾아오기 시작했습니다. 몸무게가 감소하기 시작했고, 조금 더 노력하자 20kg나 더 감량할 수 있었습니다. 이후 자신감이 생겨 판매원으로 취직을 했는데, 그때도 자신이 판매왕이 된 모습을 날마다 그려보며 일을 했습니다. 그런데 얼마 후 정말 판매왕이 되었습니다. 거기서 멈추지 않고 이번에는 TV에서 물건을 파는 모습을 마음속으로 그리기 시작했습니다.

그러던 어느 날 「샴록shamrock TV 방송국」을 찾아가서 채용을 요청했습니다. 하지만 "당신 인물이 너무 못나서 우리 방송에선 못 쓴다"라며 거절을 당했습니다. 그럼에도 그녀는 그 방송국에 입사한 것을 꿈꾸고 바라보며 계속 도전했습니다. 결국 그곳에 입사하게 되었고, 이후로도 긍정적인 믿음과 꿈을 품고 나아간 결과 2년 만에 그 회사의 부회장이 되었습니다. 이후엔 카운슬링 회사를 설립하여 사장으로 활동하는 것은 물론, 미국의 유명인사가 되었습니다.

꿈을 이루려면 믿음을 가지고 계속 바라보아야 합니다. 꿈을 자세히 노트에 적고 구체적으로 기도하면 더 좋습니다. 개인적인 꿈, 가족들에 대한 꿈, 직장과 관련된 꿈 등을 조목조목 적어놓고 그것을 매일같이 바라보며 기도하는 것이 좋습니다.

제가 미국에서 교회를 건축하던 시절, 집을 세 채나 기증한 미국 교회 성도가 있었습니다. 그가 하루는 제게 찾아와서 자신의 수첩을 보여주었습니다. 그 수첩에는 84가지의 기도 제목이 빼곡히 적혀 있었습니다. 그는 매일 아침에 수첩을 펴놓고 1번부터 84번까지의 기도 제목을 보면서 "1번, 성령충만 주옵소서! 2번, 건강 주옵소서! 3번, 회사에 복을 주옵소서!"라고 기도했다고 합니다. 놀랍게도 1년이 지난 후에 돌아보면 그 기도 제목 가운데 60개 이상이 이루어졌다고 간증했습니다. 그러면 거기서 그치는 것이 아니라, 다시 새로운 기도 제목 80개 이상을 수첩에 적고 매일 기도한다고 했습니다. 하나님은 우리를 통해 이루고자 하시는 분명한 꿈을 갖고 계십니다. 그 꿈을 마음에 품고 분명한 계획을 세우며 구체적으로 기도해야 합니다.

앙꼬라 임파로
(Ancora Imparo)

하나님의 꿈을 이루려면 실력을 쌓아야 하는데, 이를 위해 필요한 것이 겸손입니다. 항상 겸손한 자세를 지닐 때 그 가운데서 실력을 쌓아나갈 수 있습니다. 겸손한 사람은 자신의 부족함을 알고 항상 배우려는 자세를 가집니다.

마쓰시타 고노스케Matsushita Konosuke는 일본의 마쓰시타 전기산업현 파나소닉의 창업주입니다. 그는 자신이 기업가로서 성공한 비결을 세 가지로 정리해서 이야기한 적이 있습니다. "첫째로, 나의 성공 비결은 가난입니다. 나는 몹시 가난해서 구두닦이하고 신문도 돌리고 인생의 쓰라린 경험을 많이 했습니다. 둘째로, 나의 성공 비결은 바로 몸이 약했다는 것입니다. 나는 나약한 몸으로 인해 많은 장애를 겪었습니다. 결국 나는 건강을 위해 운동을 열심히 하고 체력을 쌓기 위해 최선을 다했습니다. 셋째로, 나는 초등학교도 제대로 나오지 못했습니다. 결국 배우지 못했다는 걸림돌을 극복하기 위해 열심히 독서를 했습니다. 나는 책을 많이 봤습니다. 쉬지 않고 책을 보는 것은 내 인생에서 배우지 못한 장애를 극복한 지름길이 되었습니다." 그의 이야기는 자신의 약점을 배움의 여정으로 승화시킬 수 있는 좋은 사례입니다.

조용기 목사님도 "가난의 경험을 통해 서민들의 마음을 아는 대중목회를 할 수 있었고, 많은 질병에 시달리면서 신유에 대해 공부하고 기도함으로 치유목회를 할 수 있었고, 공식적인 학벌의 부족함 때문에 독서를 더 많이 하며 자기계발을 할 수 있었다"라고 말씀하셨습니다. 빌리 그레이엄Billy Graham 목사님도 이전에 "나는 80대 중반의 나이에도 항상 배우고자 노력한다"라고 말씀하신 적이 있습니다. 이분들 모두 자신의 부족함이나 환경을 탓하지 않고 끊임없이 배우려는 자세를 가졌던 분입니다. 그만큼 환경의 제약을 이겨내고 배우고 노력하는 것이 중요합니다.

라틴어에 "앙꼬라 임파로Ancora Imparo"라는 말이 있습니다. 이 말은 천재 예술가 미켈란젤로Michelangelo Buonarroti가 한 말입니다. 그는 교황을 선출하는 시스틴 대성당의 천장에 세계적인 명화인 「천지창조」를 그렸는데, 이때 그의 나이가 87세였습니다. 87세의 나이에 천장화를 그리고 남긴 말이 "앙꼬라 임파로"인데, 이 뜻은 '나는 아직도 배우고 있다' 입니다. 자신이 아직도 부족하기에, 계속 배워야 한다는 고백인 것입니다.

"지도자는 평생 배우는 자이다The leader is a life-time learner"라는 말이 있습니다. 우리는 주위 사람을 통해 배울 수 있고, 고난의 환경을 통해서도 배울 수 있습니다. 직장에서 일하며 배울 수 있고, 기도하는 가운데 교사 되신 성령의 가르침도 배울 수 있습니다. 그런데 배움의 효과적인 방법 중의 하나가 바로 독서입니다.

사명을 감당하는 자가 되려면 독서하는 습관을 중요시해야 합니다. 성경도 읽고 자신이 관심을 두고 있는 분야나 전문 분야의 책을 읽어야 합니다. 어느 한 분야의 책을 50권 이상 읽으면 그 분야의 전문적 지식을 어느 정도 갖출 수 있습니다. 저는 한 달에 몇 번씩은 서점에 가서 책을 구입하고 틈나는 대로 독서를 합니다. 독서를 통해 새로운 정보와 지식, 그리고 통찰력을 얻습니다. 책을 읽을 때는 중요한 부분을 메모해두는 것도 좋습니다. 싱가포르의 리콴유Lee Kuan Yew 총리는 "뚜렷한 기억보다 흐릿한 잉크가 더 오래 간다"라는 말을 한 적이 있습니다. 독서할 때 메모 습관의 중요성을 강조한 말입니다. 여러분도 꿈을 이루고자 한다면 끊임없이 독서하고 배워야 합니다.

성경은 요셉의 형들의 입술을 통하여 요셉에 대하여 이렇게 묘사하고 있습니다. 여러분은 어떻습니까? 여러분도 요셉과 같이 꿈꾸는 자입니까?

"서로 이르되 꿈 꾸는 자가 오는도다" _ 창세기 37:19

우리는 미래에 대해 기대감을 가지고 하나님의 꿈과 비전을 가져야 합니다. 성령으로 기도하면 하나님의 거룩한 소원이 일어나게 됩니다. 여러분의 가정에 대한 꿈을 가지십시오. 여러분의 자녀가 세상에서 영향력 있는 믿음의 사람들이 되는 것을 꿈꾸십시오. 여러분의 사업이 복을 받아서 그 사업체로 하나님을 위해 선교하고 가난한 자를 구제하는 거룩한 꿈을 꾸십시오. 아울러 교회의 부흥을 꿈꾸며 바라보십시오. 여러분이 꿈꾸는 대로 이루어질 것입니다.

Positivity **Q**uotient Check List

절대긍정지수 체크 리스트 ☑

당신의 미래긍정지수(PQ)는?

각 문항을 읽고 해당하는 칸에 체크해 봅니다.

측정 문항	전혀 아니다	아니다	보통 이다	그렇다	매우 그렇다
	1점	2점	3점	4점	5점
1. 내 삶을 향한 하나님의 큰 기대와 계획이 있음을 믿고 있다.					
2. 내 미래가 낙관적이고 희망차게 느껴진다.					
3. 하나님께서 내 삶에 기적을 베푸실 것을 기대하고 있다.					
4. 성령 안에서 기도할 때 내 안에 거룩한 소원이 일어남을 느낀다.					
5. 하나님이 주시는 비전과 꿈이 내 마음에 불타고 있다.					
6. 고난이 다가올 때 하나님이 주시는 꿈의 친구라고 생각하며 인내한다.					
7. 내 미래나 비전의 성취를 시각화하며 항상 바라본다.					
8. 꿈의 성취를 위해 노트에 적고 구체적으로 기도한다.					
9. 꿈의 성취를 위해 항상 공부하며 배우고 있다.					
10. 죽기 전까지 하나님의 꿈과 비전을 이루는 사명자라고 생각한다.					

각 문항마다 체크한 점수를 합산합니다.

미래긍정지수 합계 (   )점

The Miracle of
Absolute Positivity

죽고 사는 것이 혀의 힘에 달렸나니
혀를 쓰기 좋아하는 자는
혀의 열매를 먹으리라

잠언 18장 21절

삼중훈련(1): 긍정언어의 훈련

The Miracle of
Absolute Positivity

삼중훈련⑴: 긍정언어의 훈련

당신이 하는 말이 당신이 사는 집이 된다.
- 하피즈

저는 1964년 4월에, 처음 여의도순복음교회에 출석했습니다. 교회에 출석하는 동안 조용기 목사님으로부터 귀에 못이 박히도록 들은 이야기가 있습니다. 목사님은 설교하실 때마다 이렇게 말씀하셨습니다. "여러분, 절대로 부정적인 이야기는 하지 마세요. 못 살겠다, 죽겠다 하지 마세요. 왜 죽겠다고 말합니까? 배고파 죽겠다. 배불러 죽겠다. 좋아 죽겠다. 나빠 죽겠다. 왜 죽겠다 하십니까? 살겠다 하세요. 부정적인 말은 그 어떤 말도 입 밖에 내선 안 됩니다. 우린 긍정적이고 창조적인 말을 해야 합니다." 처음에는 편하게 웃으며 그 말씀을 들었는데, 듣고 또 듣다 보니 어느 순간부터 저도 부정적인 말이나 불평은 하지 않게 되었습니다. 그 말씀이 뼛속에 깊이 스며들었던 것입니다.

지금까지 오중긍정에 대해 살펴보았습니다. 그것은 자신에 대한 긍정, 타인에 대한 긍정, 일과 사명에 대한 긍정, 환경에 대한 긍정, 그리고 미래에 대한 긍정입니다. 이러한 오중긍정이 현실화되고 효과가 있으려면 긍정언어의 선포와 훈련이 중요합니다.

조용기 목사님은 생각, 믿음, 꿈, 말이라는 요소로 구성된 4차원의 영성에서 가장 절정culmination이 언어에 있다고 하셨습니다. 말이 먼저 달라져야 나 자신도, 환경도, 사명감도 달라지고, 더 나아가 타인도 미래도 변화시킬 수 있습니다. 하나님은 우주 만물을 말씀으로 창조하셨고 인간을 하나님의 형상대로 만드셨습니다. 그리고 하나님의 형상을 닮은 인간에게 커뮤니케이션할 수 있는 언어를 주셨습니다. 이로써 우리는 하나님이 주신 언어의 권세를 사용할 수 있게 되었습니다. 우리의 삶 가운데 절대긍정의 변화를 가져오려면 긍정의 언어를 훈련하며 선포하는 것이 중요합니다. 하나님은 우리가 말한 대로 인생의 열매를 주시기 때문입니다. "입술의 열매를 창조하는 자 여호와야훼가 말하노라"사 57:19

사람들이 가장 듣고 싶은
긍정의 말

이전에 서울시 교육청에서 학생들과 학부모, 교사에게 가장 듣고 싶은 말이 무엇인지 조사를 한 적이 있습니다. 이때 "정말 잘했어, 참 잘했어요"라는 칭찬의 말을 가장 듣고 싶어 하는 것으로 나타났습니다. 또한 충청북도 교육청에서 학생들을 대상으로 가장 듣고 싶은 말이 무엇인지를 질문했을 때는, "넌 할 수 있어"라는 말이 대답 중 가장 높은 비율을 차지했다고 합니다. 이것은 사람들은 누구나 "잘했다, 할 수 있다"라는 격려와 긍정의 말을 듣고 싶어 한다는 것을 알려주는 대목이기도 합니다.

디트로이트의 빈민가에서 태어난 한 소년이 있었습니다. 이 소년은 흑인이라는 이유로 학교에서 백인 학생들에게 따돌림을 당했습니다. 초등학교 5학년이 되도록 구구단을 외우지 못해서 반에서 꼴찌를 도맡아 하기도 했습니다. 그랬던 이 소년이 훗날 세계 최고의 의사가 되었습니다. 그가 바로 세계 최초로 샴쌍둥이 분리 수술에 성공하여 '신의 손'으로 불린 존스 홉킨스 대학병원 벤 카슨Ben Carson 박사입니다. 그가 그런 미래를 열어갈 수 있었던 것은 그의 어머니가 그에게 해준 말 때문이었다고 합니다. "벤, 너는 마음만 먹으면 무엇이든지 할 수 있단다. 노력만 하면 무엇이든지 될 수 있어!" 성경은 "사람은 입에서 나오는 열매로 말미암아 배부르게 되나니"잠 18:20라고 말씀합니다. 긍정의 언어는 자기 자신을 새롭게 하고 환경과 미래를 새롭게 바라보게 합니다.

전기 기사로 일하다가 고압전기 감전으로 양팔을 잃은 어느 아빠가 있었습니다. 그런데 어느 날 네 살 난 아들이 아빠에게 와서 이렇게 말했습니다. "아빠, 그림 좀 그려줘." 그는 아들이 자신에게 한 말을 꼭 들어주고 싶어서 의수로 펜을 들고 그림 그리기를 시도했다고 합니다. 아이는 아빠가 그려준 그림을 가지고 무척 기뻐했고, 아이의 아빠는 그렇게 그림을 그려주다 그림에 흥미를 느껴, 본격적으로 그림을 배웠고 화가가 되었습니다. 이 이야기는 수묵 크로키라는 새로운 장르를 개척하게 된 석창우 화백의 실화입니다. 아이의 말 한마디가 아빠의 인생에 놀라운 변화를 가져온 것입니다.

우리 속담에도 "말 한마디로 천 냥 빚을 갚는다"라는 말이 있습니다. 말의 긍정적 위력을 보여주는 대표적인 속담입니다. 이런 속담과 관련된 옛날 이야기도 있습니다. 옛날 어떤 백정이 장터에 푸줏간을 냈습니다. 하루는 양반 두 사람이 고기를 사러 왔습니다. 그중 한 양반이 백정에게 반말로 주문을 했습니다. "거기, 고기 한 근만 줘라." 백정은 고기를 베어 싸서 주었습니다. 이후 옆에 서 있던 다른 양반은 이렇게 주문을 했습니다. "김 서방, 여기 고기 한 근 주시게." 백정은 "네. 알겠습니다" 하고 고기를 잘라 주는데, 처음에 고기를 샀던 양반보다 훨씬 많이 주었습니다. 처음 고기를 산 양반이 화가 나서 소리를 쳤습니다. "이놈아, 다 같은 한 근인데 어째 이렇게 차이가 나느냐." 그러자 그 백정은 이렇게 말했습니다. "손님 고기는 백정이 잘라 준 것이고, 이 어른 고기는 김 서방이 잘라 드린 것이니 다를 수밖에 없죠."

긍정적인 말은 우리의 미래뿐 아니라 대인관계에도 긍정적 위력을 드러냅니다. 긍정의 믿음은 긍정의 언어를 낳고 긍정의 언어는 우리 삶을 긍정적으로 만드는 것입니다.

부정적인 말은
쉽게 감염된다

장용진의 『일 잘하는 사람의 커뮤니케이션』에 보면 이런 글이 있습니다. "개에게 물린 사람은 반나절 만에 치료받고 돌아갔다. 뱀에게 물린 사람은 3일 만에 치료받고 돌아갔다. 하지만 사람의 말에 물린 사람은 아직도 입원 중이다." 이는 언어가 가진 부정적 위력을 말해 줍니다.

탈무드에서도 보면 남을 헐뜯는 부정적인 험담은 반드시 세 사람을 죽인다고 합니다. 험담을 퍼뜨린 사람과 그것을 반대하지 않고 듣고 있는 사람, 그리고 그 험담의 주인공이라는 것입니다.

EBS 지식채널ⓔ에서 「욕의 반격」이라는 영상을 방영한 적이 있습니다. 그 영상에는 참가자들에게 12개의 단어를 들려주어 기억하게 하고 쓰게 하는 실험이 등장합니다. 제시되는 단어는 긍정 단어, 부정 단어, 금기어욕, 중립 단어 각 3개씩인데 참가자들은 각 단어를 잘 기억하려 노력했지만, 금기어욕가 나오는 순간 앞의 단어들을 잊어버리게 되었다고 합니다. 영상에 따르면, 욕의 언어는 다른 단어보다 4배나 강하게 기억되며, 분노나 공포 등을 느끼게 하는 감정의 뇌를 강하게 자극하여 이성의 뇌 활동을 막아버린다고 합니다. 사람들에게 욕설을 사용하는 이유를 물어보니 습관이 돼서25.7%, 남들이 사용하니까18.2%, 말로 스트레스를 풀기 위해서17.0%라고 응답하였다고 합니다. 이 실험은 사람들이 부정적 언어에 얼마나 큰 영향을 받고 있는지를 여실히 보여줍니다.

이스라엘 백성이 가나안 땅의 진입을 눈앞에 두고 바란 광야의 가데스바네아에서 12명의 정탐꾼을 뽑아 탐지하도록 보냈습니다. 그러나 그들은 여호수아와 갈렙을 제외한 10명의 정탐꾼이 전한 부정적인 말에 완전히 낙심하고야 말았습니다민 14:1-4. 온 백성이 부정적인 말에 감염이 되어 낙심하여 울고 지도자 모세와 아론을 원망했습니다. 사실 이런 부정적인 말과 원망은 그들을 애굽에서 구원해 주신 하나님을 향한 원망이었습니다. 그래서 하나님은 "내 삶을 두고 맹세하노라 너희 말이 내 귀에 들린 대로 내가 너희에게 행하리니"민 14:28라고 말씀하셨습니다. 그들이 부정적으로 말한 대로, 원망하고 불평한 말대로 그들에게 갚으시겠다는 것입니다. 결국 여호수아와 갈렙을 제외한 나머지는 모두 가나안에 들어가지 못하고 광야에서 죽고 말았습니다. "죽고 사는 것이 혀의 힘에 달렸나니 혀를 쓰기 좋아하는 자는 혀의 열매를 먹으리라"잠 18:21

우리는 부정적인 말에 감염이 되어선 안 됩니다. 부정적인 말은 하지도 말고 듣지도 말고 옮기지도 말아야 합니다. 부정적인 말은 하나님의 역사를 제한합니다. 예수님도 하나님의 아들이셨지만, 고향 나사렛 땅에서 치유 사역과 기적을 행하실 수 없었음을 기억해야 합니다.

> "예수께서 그들에게 이르시되 선지자가 자기 고향과 자기 친척과 자기 집 외에서는 존경을 받지 못함이 없느니라 하시며 거기서는 아무 권능도 행하실 수 없어 다만 소수의 병자에게 안수하여 고치실 뿐이었고 그들이 믿지 않음을 이상히 여기셨더라" _ 마가복음 6:4-6

성경은 예수님이 "아무 권능도 행하실 수 없었다"라고 기록합니다. 그것은 고향 사람들의 불신앙과 부정적인 말 때문이었습니다. "이 사람이 마리아의 아들 목수가 아니냐 야고보와 요셉과 유다와 시몬의 형제가 아니냐 그 누이들이 우리와 함께 여기 있지 아니하냐 하고 예수를 배척한지라"막 6:3 하나님의 아들이신 예수님이 직접 그곳에 오셨음에도 불구하고, 주님의 은혜와 사랑과 기적의 기회를 놓쳐버리고 말았습니다. 안타까운 일이 아닐 수 없습니다.

우리도 마찬가지입니다. 위대하신 주님이 우리 가운데 오신다 해도 우리가 부정적으로 생각하고 부정적으로 말한다면, 그 어떤 은혜나 기적도 체험할 수 없습니다. 부정적인 생각은 부정적인 말을 낳습니다. 부정적인 믿음은 부정적인 말을 낳고, 부정적인 말은 하나님의 기적을 가로막고 우리의 미래를 어둡게 만듭니다.

살리는 말이 갖는 힘

하나님의 말씀은 '언제나 살리는 말씀'입니다. 하나님은 말씀을 통해 세상을 창조하셨습니다. 하나님의 말씀으로 창조된 세상은 하나님이 보시기에 아름답고 좋은 세상이었습니다창 1:31. 자신의 배필이 될 하와를 하나님이 창조하셨을 때 아담은 하와를 향해 "이는 내 뼈 중의 뼈요 살 중의 살이라"창 2:23고 긍정의 언어이자, 사랑의 언어로 외쳤습니다.

그러나 죄를 범한 이후 아름다운 긍정의 언어는 자신의 죄를 감추고 타인을 비방하며 잘못을 덮어씌우는 부정적인 언어로 바뀌고 말았습니다.

"아담이 이르되 하나님이 주셔서 나와 함께 있게 하신 여자 그가 그 나무 열매를 내게 주므로 내가 먹었나이다 여호와(야훼) 하나님이 여자에게 이르시되 네가 어찌하여 이렇게 하였느냐 여자가 이르되 뱀이 나를 꾀므로 내가 먹었나이다" _ 창세기 3:12-13

타락 이후 인류는 끊임없이 부정적인 말과 죽이는 언어를 통해 세상을 파괴하고 인간관계를 파괴했습니다. 하지만 좋으신 하나님은 독생자 예수님을 보내주셨고 부정적인 언어로 가득한 세상을 치유하시기 시작했습니다.

예수님은 말씀이 육신이 되어 오신 분입니다요 1:1, 14. 하나님의 말씀이신 예수님은 가는 곳마다 사람들에게 복된 소식을 전하셨습니다. 사람들을 치유하고 살리셨습니다. 죽은 지 나흘이나 된 나사로의 무덤에 가셔서 "나사로야 나오라"요 11:43고 외치자 죽었던 나사로가 다시 살아났습니다.

예수님의 말씀은 살리는 말씀입니다. 죽음의 권세까지 이기는 말씀인 것입니다. 우리도 예수님을 따르고, 또한 닮고자 한다면 다른 사람을 죽이는 부정적인 언어가 아니라 살리는 언어를 사용해야 합니다.

미국의 미시간 주 잭슨에 있는 성 요셉 고아원에 타미와 지미 형제가 살고 있었습니다. 형 지미는 중학생 나이가 되자 양부모를 따라 가게 되었고 둘은 헤어질 수밖에 없었습니다. 동생 타미 역시 양부모 밑에 들어가 중학생이 되었지만, 문제아가 되어 결국 퇴학을 당할 수밖에 없었습니다. 그런데 퇴학당한 그가 교문을 나설 때 불현듯 고아원에서 자신을 지도해준 베라다 수녀의 말이 떠올랐습니다. "하나님은 절대로 너를 버리지 않으신다. 열심히 노력해 큰 별을 따도록 노력해라." 타미는 용기를 내어서 피자 가게에 취직하였고 열심히 배워서 피자 한 개를 11초에 반죽하는 놀라운 솜씨를 가지게 되었습니다. 그리고 훗날 그는 오늘날 미국에 있는 피자 체인점 중 두 번째로 큰 도미노 피자를 세우게 되었습니다. 도미노 피자 창업자 토머스 모나한Thomas Monaghan은 한때 퇴학까지 당할 정도로 문제아였던 타미였던 것입니다.

성경은 "만일 누가 말하려면 하나님의 말씀을 하는 것 같이 하라"벧전 4:11고 말씀합니다. 내가 하는 말 한 마디가 다른 사람에게 용기를 주고 희망을 줄 수 있습니다. 무슨 말을 하든지 다른 사람을 격려하고 살리는 말을 해야 합니다. 우리가 살리는 말을 하려면 성령충만을 사모하고 긍정적인 하나님의 말씀을 내면화해야 합니다.

성령이 임하면
언어가 달라진다

긍정의 믿음의 언어를 사용하는 것은 인간의 의지나 노력으로만 되는 것이 아닙니다. 성령의 도우심을 구해야 합니다. 성령충만을 간절히 구해야 합니다. "성령으로 충만함을 받으라"엡 5:18는 말씀의 헬라어는 수동태이자 현재 시제입니다. 나를 성령님이 충만케 하시는 것이지 내가 성령을 충만하게 하는 것이 아닙니다. 성령충만 받았던 사람이 실수하는 것은 성령의 은혜가 식어서, 곧 '불'이 식어서 그런 것입니다.

제가 미국에서 목회할 때 안동호 장로님이라는 분이 계셨습니다. 계명대학교 외과 의사였던 그분은 늘 저에게 "목사님, 자동차 연료는 바닥에 내려갈 때까지 기다리지 마시고, 중간에서 조금 내려가면 항상 꽉 채워놓으십시오. 바닥까지 내려가면 나중에 낭패를 당할 일이 생길 수 있습니다"라고 당부했습니다. 그런데 제가 그 말을 듣고도 주의하지 않아 잊어버리고 말았습니다. 그리고 어느 날 멀리 심방을 갔다 오다가 연료가 바닥이 나면서 차가 그만 서버리고 말았습니다. 길가에 갑자기 서게 되니 난감하지 않을 수 없었습니다. 다행히 고속도로는 아니라 길가에 세워둔 채로 주유소로 달려가서 휘발유를 통으로 가져와 채워 넣었던 기억이 있습니다.

우리가 성령을 받았어도, 불이 꺼지고 은혜가 식으면 이렇게 될 수 있습니다. 은혜의 길에서 멈추게 되고 낭패를 당할 수 있습니다. 죄짓게 되고 실수할 수 있습니다. 우리가 성령으로 충만한지 아닌지 알 수 있는 방법 중 하나는 언어생활을 살펴보는 것입니다. 성령의 은혜가 식게 되면 우리 입에서 부정적인 말, 절망의 말, 원망의 말, 불평의 말이 많이 나오게 됩니다. 그러나 성령으로 충만하게 되면 찬송의 말, 감사의 말이 넘쳐납니다.

"술 취하지 말라 이는 방탕한 것이니 오직 성령으로 충만함을 받으라 시와 찬송과 신령한 노래들로 서로 화답하며 너희의 마음으로 주께 노래하며 찬송하며" _ 에베소서 5:18-19

우리 입술에서 긍정의 말, 찬송과 감사의 말, 비전의 말이 나오려면 성령충만을 사모하고 기도해야 합니다. 더 나아가 하나님의 말씀을 내 마음과 입술에 담는 것이 중요합니다.

하나님 말씀을
내면화하라

하나님은 절대긍정의 하나님이시기에 하나님의 말씀은 언제나 긍정적입니다. 그 말씀을 읽고 묵상하고 암송하며 내면화할 때 우리는 긍정적인 믿음의 사람으로 변화할 수 있습니다. 성경은 하나님의 말씀을 마음판에 새기라고 명합니다.

> "내 아들아 내 말을 지키며 내 계명을 간직하라 내 계명을 지켜 살며 내 법을 네 눈동자처럼 지키라 이것을 네 손가락에 매며 이것을 네 마음판에 새기라"_ 잠언 7:1-3

'새긴다'는 돌이나 쇠 같은 것 위에 글자를 조각할 때 사용하는 단어입니다. 하나님의 말씀을 마음판에 새기라고 한 것은 완악하고 굳은 돌과 같은 우리 마음에 하나님의 말씀을 깊이 새기듯이 간직하라는 의미입니다. 부정적이고 완악한 마음에 말씀이 들어갈 수 있게 하려면 비석에 글을 새기듯이 힘 있게 새겨야만 합니다. 인간의 기억 또한 쉽게 사라질 수 있기 때문에 돌에 글을 새기듯 말씀을 새겨, 잊지 않도록 해야 한다는 뜻이기도 합니다.

성경 묵상과 암송은 이런 면에서 하나님의 말씀을 내면화하는 효과적인 방법입니다. 어떤 심리학자는 이렇게 말했습니다. "사람의 기억력은 한계가 있다. 어떤 이야기를 듣기만 했을 경우 24시간이 지나면 불과 8%만 기억하게 되나, 노트에 기록하면서 들으면 25%가 남으며, 자세히 생각하면서 복습하면 58%가 기억되고, 암송한 것은 거의 다 기억할 수 있다."
부정적인 생각이 떠오르거나 어려운 상황에 봉착할 때, 하나님의 긍정의
말씀을 묵상하고 암송하게 되면 부정적인 감정과 언어를 다스리며 하나
님의 뜻대로 행할 수 있게 됩니다.

　미국의 예레미야 덴튼Jeremiah Denton은 7년 동안 베트남 전쟁의 포로가
되었습니다. 7년 중 대부분의 시간을 독방에 감금이 된 채 생활했고 기진
맥진할 정도로 고문을 당하기도 했습니다. 그러나 그는 나중에 풀려나 살
아남았고 미국 알라바마주의 상원의원으로 뽑혔습니다.

　어떻게 덴튼은 그 포로 생활의 괴로움과 지루함을 이길 수 있었을까
요? 그는 생존의 이유로 암송 말씀을 뽑았습니다. 암송하고 있던 하나님
의 말씀을 곱씹어서 묵상하고 생각했다는 것입니다. 그렇게 그는 고문과
핍박의 고통에도 불구하고 그 모든 것을 하나님 말씀으로 이겨냈습니다.
말씀을 되새기고 묵상하는 것이 그의 영적 무기였습니다. 자신에게 말씀
하시고 자신을 붙들어 주시는 하나님의 은혜와 능력을 묵상함으로써 모
든 어려움을 이겨낼 수 있었고 성경 암송 구절들이 그의 기도문이 되었
습니다. 이렇게 하나님 말씀을 생각하고 기도할 때 우리 마음속의 불안과
두려움이 사라지고 긍정의 믿음이 생겨납니다.

선포에 담긴
능력

예수님이 예루살렘 성전으로 올라가실 때 무화과나무를 바라보셨습니다. 그런데 나무에 열매가 없자 그 나무를 저주하셨습니다. "예수께서 나무에게 말씀하여 이르시되 이제부터 영원토록 사람이 네게서 열매를 따 먹지 못하리라 하시니 제자들이 이를 듣더라"막 11:14 여기서 우리는 예수님이 나무에게 말씀하셨다는 것을 알아야 합니다. 예수님의 말씀대로 무화과나무는 저주를 받아 열매를 맺지 못하게 되었습니다.

이 세상에 존재하는 모든 것은 믿음의 사람들이 하는 말의 권세로부터 지배를 받습니다. 여호수아가 태양에게 멈추라고 명령했고수 10:12, 예수님도 파도와 광풍에게 잠잠하라고 명령하셨습니다막 4:39. 우리도 내 몸과 질병에 대하여, 환경에 대하여, 미래에 대하여 명령하며 기도할 수 있습니다.

인도 선교사로 잘 알려진 감리교의 스탠리 존스Stanley Jones 선교사님은 69살에 중풍에 걸려서 쓰러졌습니다. 그때 미국에 가서 치료를 받게 되었는데 의사들이 모두 이렇게 말했습니다. "나이가 고령이고 뇌혈관이 터졌고 중풍이기에 이제 다시는 일어나지 못할 것입니다." 그런데 선교사님은 긍정적이고 적극적인 말의 능력을 믿는 분이었습니다. 방에 들어오는 간호사나 의사들에게 이렇게 부탁했습니다. "아침에 들어오면 굿모닝Good morning, 저녁에도 굿나잇Good night 그런 말하지 마십시오. 그대신 아침이나 저녁이나 들어오면 나에게 '스탠리 존스, 예수님의 이름으로 일어나라!Stanley Jones, Get up in the name of Jesus Christ!'고 선포해 주세요."

그들이 "선교사님, 우리가 목사도 아닌데 어떻게 그런 말을 합니까?"라고 대답하자, 선교사님은 화를 내면서 "그렇게 말하지 않으면 나는 이 병원에서 퇴원하겠소"라고 말했습니다. 어쩔 수 없이 의사들과 간호사들은 볼 때마다 "스탠리, 일어나라. 예수 이름으로 일어나라!"고 선포해 주었습니다. 그러자 놀라운 일이 일어났습니다. 모든 의사가 선교사님은 못일어날 것이라고 했는데 "예수님의 이름으로 명하노니 일어나라"고 계속 말해 주자 일어나게 된 것입니다. 그리고 인도로 돌아가서 20년 동안 더 선교 사역을 감당한 후 천국에 가셨습니다. 이처럼 긍정적인 하나님의 말씀을 믿고 선포할 때 놀라운 능력과 기적이 나타납니다.

여러분 가운데 아프신 분이 있다면, 치유에 대한 성경 말씀을 붙잡고 여러분의 이름을 넣어 선포해 보십시오. "예수님이 채찍에 맞으므로 ○○○가 나음을 입었도다"사 53:5 인생의 무거운 짐이 있다면 다음 성구에 여러분의 이름을 넣어 선포하십시오. "수고하고 무거운 짐 진 ○○아, 다

내게로 오라 내가 ○○○를 쉬게 하리라"마 11:28 이런 식으로 적절한 하나님의 말씀을 암송하고 묵상하며 자신의 이름을 넣어 선포하며 기도하는 것이 효과적입니다.

긍정언어의 선포를 습관화하라

미국의 듀크 대학교 연구진이 발표한 논문에 따르면, 우리가 매일 반복하는 선택의 40퍼센트는 신중한 의사결정 과정이 아닌 습관에 의해 결정된다고 합니다. 심리학자 윌리엄 제임스William James도 "우리의 삶은 습관 덩어리로 구성되어 있다"라고 말했습니다. 뉴욕타임즈 기자인 찰스 두히그Charles Duhigg는 『습관의 힘』이라는 책에서 이렇게 말합니다. "핵심 습관이 중요하다. 핵심 습관이 바뀌기 시작하면 다른 습관들도 덩달아 바뀌고 개조될 수 있다 … 또 의지력도 습관이다. 의지력은 단순한 스킬이 아니라 팔이나 다리의 근육과 비슷하여 많이 쓰면 피로해진다 … 그래서 핵심 습관에 의지력을 갖게 되면 효과적인 습관화가 가능하다."

새들백 교회의 릭 워렌Rick Warren 목사님도 영적 훈련과 습관의 중요성에 대해 이렇게 말했습니다. "사람들에게 강제적으로 그리스도의 모본을 따르라고 하면 일시적으로는 모르겠지만 장기적으로는 아무 효과가 없습니다. 영적인 성숙을 스스로 책임지게 만드는 유일한 방법은 믿음을 습관화하는 방법을 가르치는 것입니다. 믿음이 습관화되는 순간부터 그들은 스스로 움직입니다."

위의 말들을 종합해 볼 때, 영적인 의지를 가지고 핵심적인 믿음의 습관을 만드는 것은 매우 중요합니다. 성령의 충만을 사모하며 기도하는 것, 매일 하나님 말씀을 읽고 묵상하고 암송하며 내면화하는 것, 나에게 힘을 주는 긍정적인 하나님의 말씀을 믿음으로 선포하는 것, 이런 것들을 핵심 습관으로 만들어야 합니다. 하루의 열쇠라고도 할 수 있는 아침 시간에 일어날 때, 하루의 자물쇠라고 할 수 있는 저녁 시간에 잠들 때, 이런 습관을 갖고 실천한다면 우리에게 절대긍정의 기적이 일어나게 될 것입니다.

긍정언어 선포 예시문

다음 선포는 하나의 예시문입니다. 각자에게 적합한 선포문을 만들어 '예수 그리스도의 이름으로' 긍정의 언어를 선포해 보십시오.

자신에 대한 긍정 선포

- 나는 하나님의 특별한 사랑을 받는 자녀다!
- 나는 가치 있고 아름답고 소중한 하나님의 사명자다!
- 모든 근심과 불안은 떠나가고 하늘의 평강이 임할지어다!
- 내 모든 연약함은 물러가고 강건하게 될지어다!
- 내 모든 기도 제목이 응답 받을지어다!
- 오늘 하루도 좋은 일이 일어나며 기쁨과 축복의 날이 될지어다!
- 나를 통해 많은 사람이 복을 받게 될지어다!

타인에 대한 긍정 선포

- 부모님에게 평안과 건강의 복이 임할지어다!
- 내 배우자와 자녀들의 믿음이 성장하고 형통의 복이 임할지어다!
- 오늘도 만나는 사람들에게 격려와 칭찬의 말을 하게 될지어다!
- 나를 지지해 주고 응원해 주는 사람들이 늘어날지어다!
- 오늘도 만나는 사람들에게 친절하게 대할지어다!
- 오늘도 다른 사람을 포용하고 용서하게 될지어다!
- 오늘도 대화할 때 긍정의 말로 하게 될지어다!

긍정언어 선포 예시문

일과 사명에 대한 선포

- 내 일터를 통한 하나님의 사명을 깨닫게 될지어다!
- 내 일터에 하나님의 나라와 은혜가 임하게 될지어다!
- 직장과 사업장의 동료들이 예수님 믿고 구원받을지어다!
- 내 일(사업)을 방해하는 악한 영은 떠나갈지어다!
- 오늘도 기쁨으로 감사하며 일하게 될지어다!
- 오늘도 열정적으로 성실하게 일하게 될지어다!
- 계획하고 추진하는 모든 일이 형통할지어다!

문제에 대한 긍정 선포

- 문제를 통한 하나님의 섭리를 깨닫게 될지어다!
- 삶의 막힌 모든 장벽이 뚫어지게 될지어다!
- 나(지인)의 질병이 고침 받을지어다!
- 재정의 문제가 해결되고 돌파가 일어날지어다!
- 대인관계의 갈등이 해결되고 복이 임할지어다!
- 문제 가운데 인내와 겸손을 배우게 될지어다!
- 모든 고난과 어려움이 합력하여 선을 이룰지어다!

긍정언어 선포 예시문

교회에 대한 긍정 선포
- 우리교회의 모든 예배와 찬송과 기도가 뜨겁고 은혜가 넘칠지어다!
- 담임목사님에게 성령과 설교의 영감과 비전이 충만할지어다!
- 모든 교역자들이 겸손과 성실과 사랑으로 교회를 섬길지어다!
- 모든 성도의 심령에 영적 부흥이 임할지어다!
- 교회 성도들이 주님 안에서 하나가 될지어다!
- 성도들이 전도하고 교회가 부흥하게 될지어다!
- 오직 하나님의 영광만 드러내는 교회가 될지어다!

미래에 대한 긍정 선포
- 내 미래에 대한 기대감이 넘치고 소망이 있을지어다!
- 내 앞길을 막는 모든 장애물과 사단은 떠나갈지어다!
- 내가 기도할 때 성령충만 받고 거룩한 소원이 생길지어다!
- 꿈과 비전을 그림으로 그리며 구체적으로 기도하게 될지어다!
- 하나님의 꿈을 이루기 위한 동역자가 오게 될지어다!
- 내 앞길에 모든 것이 합력하여 선을 이룰지어다!
- 내 삶에 계획된 하나님의 비전이 다 이루어질지어다!

절대긍정의 기적

Positivity Quotient Check List

절대긍정지수 체크 리스트 ☑

당신의 긍정언어지수(PQ)는?
각 문항을 읽고 해당하는 칸에 체크해 봅니다.

측정 문항	전혀 아니다	아니다	보통 이다	그렇다	매우 그렇다
	1점	2점	3점	4점	5점
1. 부정적인 말은 절대 내 입에서 나오지 않는다.					
2. 타인을 격려하고 칭찬하는 말을 자주 한다.					
3. 나 자신을 긍정적으로 생각하고 축복하며 선포한다.					
4. 불신이나 부정적인 말이 하나님의 역사나 기적을 방해한다고 믿는다.					
5. 타인을 축복하는 말을 자주 한다.					
6. 하나님 말씀을 늘 읽으며 묵상하고 있다.					
7. 하나님 말씀을 암송하여 기도하거나 적절한 상황에 사용한다.					
8. 타인에게 소망을 주거나 살리는 말을 많이 한다.					
9. 하나님의 비전을 기록하여 시간이 날 때마다 선포한다.					
10. 믿음의 말에 권세가 있음을 믿고 질병이나 문제에 대해 명령하며 선포 기도를 한다.					

각 문항마다 체크한 점수를 합산합니다.
긍정언어지수 합계 (   )점

범사에 감사하라
이것이 그리스도 예수 안에서
너희를 향하신 하나님의 뜻이니라
데살로니가전서 5장 18절

삼중훈련(2) : 절대감사의 훈련

The Miracle of
Absolute Positivity

Chapter *09*

삼중훈련(2):
절대감사의 훈련

하나님이 거하시는 곳이 두 곳이 있는데
한 곳은 천국이요, 또 한 곳은 감사드리는 마음이다.
- 아이젝 월트

우리 교회에 출석하시는 강 집사님 댁에 심방을 간 적이 있었습니다. 90세를 앞둔 집사님께서 홀로 살고 계시는 단칸방에 들어서는 순간, 구수한 냄새가 저희 일행을 맞아 주었습니다. 담임목사가 심방 온다고 하니 뭐라도 대접해야겠다는 생각에 집사님은 군고구마를 손수 준비하셨던 것입니다. 심방을 위해 아무것도 준비하지 마시라고 늘 말씀드리지만, 그 날 집사님이 정성껏 내놓으신 군고구마는 들지 않을 수 없었습니다. 저는 그날 시편 23편을 본문으로 말씀을 전하고 세상에서 가장 맛있는 군고구마를 함께 먹으며 이야기를 나누었습니다.

인간의 시선으로 보기에, 집사님의 형편은 그리 좋지 않습니다. 그러나 집사님은 예수님의 은혜로 평안히 지내고 있는 것이 참으로 감사하다고 말씀하시면서 정성껏 준비한 감사헌금을 내놓으셨습니다. 단칸방에 홀로 지내시면서도 감사의 기쁨을 잃지 않으시는 집사님을 보며, 저는 감사가 어디에서 나오는지를 다시 한번 깨달았습니다. 감사는 풍요로운 환경이 아니라, 주님을 모신 마음에서 나오는 것이었습니다. 주님이 내 마음에 거하시면 하늘의 평안이 임합니다. 그 평안 속에 거하면, 높은 산이나, 거친 들이나, 초막이나, 궁궐이나, 어디에서든 감사의 고백을 올려드릴 수 있게 됩니다.

감사는 행복의 열쇠

전 세계에 복음을 전하면서 지체장애인을 위한 기관으로 활동하는 '사지 없는 인생Life without Limbs'의 대표는 호주의 닉 부이치치Nick Vujicic 목사님입니다. 목사인 아버지와 간호사인 어머니 사이에서 태어난 그가 '해표지증phocomelia'이라는 병으로 짤막한 왼쪽 발을 제외하고 양팔과 오른쪽 다리가 없이 태어났을 때, 모든 간호사가 울었습니다. 부모에게 아이를 포기하고 장애인 시설에 맡기라고 권면했습니다. 그러나 그의 부모는 포기하지 않았습니다. 그는 어린 시절 아이들의 따돌림을 받아 심한 우울증에 빠져 여덟 살 때부터 자살을 생각하기까지 했습니다. 하지만 가족의 사랑과 하나님과의 만남은 그의 삶을 바꾸어 놓았습니다.

그는 자신에게 없는 것에 집중하는 대신, 현재 자신이 가진 것에 집중하며 감사하기 시작했습니다. 장애라는 한계에 매이지 않고 골프, 수영, 서핑, 승마 등 다양한 활동에 도전해 왔고, 지금도 끊임없이 도전하고 있습니다. 그는 이렇게 고백합니다. "우리는 언제쯤 행복해질 수 있을까를 고민합니다. 그러나 행복은 지금 이곳에서 내가 가진 것들에 감사할 때 이미 시작되었습니다."

『감사를 만나면 경영이 즐겁다』라는 책의 저자들^{이미영, 김만석, 김병욱}은 'HAPPY'라는 단어를 구성하는 각각의 알파벳으로 다음과 같은 내용을 만들었습니다.

H - Habit 습관

A - Appreciation 감사

P - Pleasure 즐거움

P - Present 현재

Y - Your-self 당신 자신

정리하자면, 행복이란 '지금 당신이 즐겁고 감사한 습관을 가지는 것'이라고 표현한 것입니다. 우리의 삶이 아무리 좋은 것들로 가득 차 있을지라도 감사하지 않으면 행복은 우리와 멀리 떨어지게 됩니다. 하지만 힘들고 어려운 환경에서도 감사할 수만 있다면 우리 인생은 행복한 인생이 됩니다. 그러므로 우리는 어떤 상황, 어떤 조건에서도 감사해야 합니다. 바울의 권면처럼 범사에 하나님께 감사하는 삶을 살아야 합니다_{살전 5:18}.

'지금' 감사하십시오. 어떤 상황에서도 감사의 조건들을 발견하도록 자신을 훈련하십시오. 감사할 때 우리의 인생은 참으로 복된 인생, 성공한 인생, 행복한 인생이 될 수 있습니다.

그곳은 감옥인가요?
성전인가요?

범죄 심리학자인 데이비드 소퍼David Soper 박사의 책 『하나님은 피할 수 없는 분God Is Inescapable』에는 이런 이야기가 나옵니다.

"근본적으로 감옥과 수도원의 차이는 불평과 감사의 차이입니다. 이것은 확실한 사실입니다. 감옥에 수감 된 죄수들은 깨어있을 때 늘 불평합니다. 반면에 자발적으로 자신을 수도원에 가두어둔 성자들은 깨어있을 때마다 하나님께 감사를 드립니다. 만일 죄수들이 감사를 통하여 성자가 되면 감옥 안이 수도원이 될 것이고, 성자들이 감사를 포기할 때는 수도원이 감옥이 될 것입니다."

놀라운 통찰이 아닐 수 없습니다. 감옥과 수도원은 삶의 모습만 두고 보면, 크게 다를 바가 없습니다. 하지만 한곳에는 불평과 원망이 가득하고, 다른 한곳에는 기쁨과 감사가 넘쳐납니다. 이처럼 어디에 있든, 어떤 상황을 만나든 우리의 마음이 어떠한가에 따라 우리는 죄수처럼 살 수도 있고, 성자처럼 살 수도 있습니다. 나를 향한 하나님의 사랑, 내 삶의 부정을 긍정으로 바꾸시는 예수님의 십자가, 나와 함께하시며 나를 도우시는 성령의 능력에 감사하며 살 때 우리가 거하는 곳은 성전이 되고, 우리의 삶은 성자saint의 삶이 될 것입니다.

성경에는 감사의 찬송을 통해 감옥의 문을 열어젖힌 사람들의 이야기가 나옵니다. 바울과 실라는 복음을 전하다가 점치던 여종의 귀신을 쫓아냈다는 이유로 심한 매를 맞고 발에 차꼬를 한 채 옥에 던져졌습니다. 그러나 바울과 실라는 하나님을 향해 불평하거나 원망하지 않았습니다. 자신을 해한 사람들을 미워하거나 저주하지도 않았습니다. 도리어 하나님께 기도하며 감사의 찬양을 드렸습니다. 그들의 찬양이 다른 죄수들의 귀에 들릴 정도였습니다. 그때 어떤 일이 일어났을까요?

절대긍정의 기적

"한밤중에 바울과 실라가 기도하고 하나님을 찬송하매 죄수들이 듣더라 이에 갑자기 큰 지진이 나서 옥터가 움직이고 문이 곧 다 열리며 모든 사람의 매인 것이 다 벗어진지라" _ 사도행전 16:25-26

바울과 실라가 기도하며 찬송할 때, 감옥의 문이 열리고 죄수들이 매인 모든 것에서 자유케 되었습니다. 바울과 실라를 지키던 간수와 그의 집은 회개하며 예수 그리스도를 영접하였습니다. 그리고 그 가정을 통해 빌립보 교회가 세워졌습니다. 감옥이 무너지고, 교회하나님의 성전가 세워진 것입니다. 절대긍정의 하나님을 향한 바울과 실라의 절대긍정의 믿음과 감사로 인해 빌립보 지역에 하나님의 나라가 임한 것입니다.

감사를 통해
절대긍정의 믿음을 표현하면

데살로니가는 로마 제국 마게도냐의 수도였으며, 해로의 요충지에 있는 중요한 항구도시인 동시에 로마가 건설한 에그나티아 대로가 지나는, 그야말로 정치와 경제의 중심지였습니다. 한때 이곳에 유배되었던 로마의 정치가 키케로Marcus Tullius Cicero는 데살로니가를 가리켜 '우리 영토의 심장부'라고 할 정도였습니다.

바울은 마게도냐 사람이 도와달라고 간청하는 환상을 보고, 데살로니가로 가서 그곳에 사는 유대인들과 이방인들에게 복음을 전했습니다. 그를 시기하는 유대인들이 폭동을 일으킴으로 베뢰아로 갔지만, 데살로니가의 성도들은 온갖 박해와 환난 중에도 굳건한 믿음을 잃지 않았습니다다살후 1:3-4. 그리고는 믿음의 연조가 오래되지 않은 교회, 고난 가운데 놓인 성도들을 향해 바울은 "범사에 감사하라"고 권면했습니다. 예수 그리스도를 믿는 것으로 인해 어려움을 당하는 가운데서도 이방인은 물론 동족에게 '어떤 처지에서도, 무슨 일을 만나도' 감사하는 것이 하나님의 뜻이라고 이야기했습니다. "범사에 감사하라 이것이 그리스도 예수 안에서 너희를 향하신 하나님의 뜻이니라"살전 5:18

탈무드에는 존경받는 랍비 중의 한 사람인 아키바Akiva의 이야기가 기록돼 있습니다. 어느 날, 아키바는 책을 보는 데 필요한 등잔, 시간을 알리는 수탉, 먼 길을 가는 데 필요한 나귀, 유대교의 경전인 토라를 가지고 먼 길을 떠났습니다. 날이 저물어 한 마을에 들어가 하룻밤 묵어가기를 청했지만 아무도 받아주는 이가 없었습니다. 하지만 그는 '하나님께서 더 유익하게 하실 거야'라고 생각하며 길에서 노숙하게 되었습니다. 잠이 쉽사리 오지 않아 토라를 읽으려고 등불을 켰는데 바람에 등불이 꺼져버렸습니다. 이번에도 그는 '하나님께서 더 유익하게 하실 거야'라고 생각했습니다. 다시 잠을 청하는데, 여우 울음소리가 들려왔고 그 소리에 놀란 나귀와 수탉이 달아나 버렸습니다. 이제 그에게는 남은 것이라고는 토라밖에 없었습니다. 그럼에도 그는 "하나님께서 더 유익하게 하실 거야"라고 말하며 감사했습니다. 이튿날 아침 날이 밝은 후 그는 마을에 가자마자 놀라지 않을 수 없었습니다. 전날 밤, 도적 떼의 습격으로 불이 켜져 있던 집의 모든 사람들이 전부 죽임을 당한 것입니다. 그는 하나님께서 자신을 지켜주셨음을 알게 되었습니다.

"감사할 일이 있어야 감사를 하죠"라고 말하는 사람들이 많습니다. 하지만 절대긍정의 믿음으로 감사의 고백을 드릴 때, 내 마음에 기쁨이 솟아나며 주님의 은혜가 넘쳐나게 됩니다. 나를 얽맨 복잡한 문제들이 어느 순간 풀려버립니다. 왜 내게 이런 일이 다가왔는지 당시에는 이해할 수 없더라도, 절대긍정의 하나님을 믿고 감사하면 하나님의 때에, 하나님의 방법을 따라 놀라운 일이 다가옵니다. 감사를 통해 절대긍정의 믿음을 표현하면 고난이 변하여 축복이 되고, 슬픔이 변하여 기쁨이 되고, 절망이 변하여 희망이 되는 은혜를 경험하게 됩니다.

불치병도 이겨낸 감사의 고백

영안장로교회 양병희 목사님 간증을 듣고 큰 은혜를 받은 기억이 있습니다. 그 교회의 한 자매가 설암에 걸렸는데 의사는 혀를 모두 절제해야 한다고 말했습니다. 수술을 위해 입원했고, 수술 전날 가족이 모두 모였습니다. 내일 수술실에 들어가면 혀가 사라지고 평생 말을 못 하게 되는 그 상황에서, 모두 무거운 마음으로 자매의 마지막 말을 기다리고 있었습니다. 그때 자매는 찬송가 511장을 부르기 시작했습니다.

> 내 구주 예수를 더욱 사랑 엎드려 비는 말 들으소서
> 내 진정 소원이 내 구주 예수를 더욱 사랑 더욱 사랑

찬양을 마친 후에는 감사 기도를 드렸습니다. "하나님 아버지 감사합니다. 나 같은 죄인이 구원받아 하나님의 자녀 된 것을 감사합니다. 제 마음속에 주님의 평안과 기쁨이 넘쳐나니 감사합니다."

이튿날, 수술이 시작되었습니다. 그런데 의사가 집도를 시작하지 않고 다시 정밀 검사를 하기 시작했습니다. 그리고 검사 결과, 혀 전체에 퍼져있던 종양이 혀끝에 몰려 부분절제로 충분하다고 말했습니다. 하나님께서 그 자매의 감사의 고백을 들으신 것입니다. 분노와 원망을 쏟아내는 대신, 나를 구원하신 하나님의 은혜를 찬양하고 주님을 향한 절대긍정의 믿음을 고백했더니 기적을 베풀어 주신 것입니다.

감사 훈련의
4단계

감사의 삶은 하루아침에 이루어지지 않습니다. 『감사를 만나면 경영이 즐겁다』는 책에 보면, 감사하는 삶을 살기까지 네 가지 단계를 거치게 된다고 합니다.

첫 번째 단계는 '무의식적으로 불평하는 단계'입니다. 우리 대부분은 무의식적으로 불평과 불만을 토로하며 살아갑니다. 감사가 좋다는 것을 알지만 평소 불평과 불만을 말하며 살아왔기 때문에 습관적으로 나오게 되는 것입니다. 그런데 어떤 계기로 감사를 실천하기로 마음먹으면 두 번째 단계인 '감사하지만 불평하는 단계'로 넘어갑니다. 이는 감사와 불평이 공존하는 단계입니다. 다음으로, 세 번째 단계는 '의식적으로 감사하는 단계'입니다. 불평으로 가득한 생각과 말을 자제하며 의식적으로 감사의 생각을 하고, 더 나아가 감사가 담긴 말을 하는 단계입니다. 의식적인 감사가 훈련되면 이제 마지막 단계로 넘어갑니다. '의식하지 않아도 감사하는 단계'에 이르게 되는 것입니다. 이때부터는 언제나 감사한 생각을 하고 감사의 말을 사용하게 됩니다.

여러분은 지금 어느 단계에 속해 있습니까? '범사에 감사'하는 삶을 살기 위해서는 끊임없는 감사의 훈련이 필요합니다. 감사의 높은 단계로 나아가기 위해 몇 가지 지침을 여러분과 함께 나누기 원합니다.

감사 훈련: 긍정의 눈으로 세상을 보라

"생각하는 대로 살지 않으면, 사는 대로 생각하게 된다"는 말이 있습니다. 감사도 마찬가지입니다. 어떤 관점으로 삶을 바라보고 어떻게 행동하느냐에 따라 우리의 삶은 감사의 제목이 넘칠 수도 있고, 불평불만으로 가득하게 될 수도 있습니다.

남미 어느 지역에 냉천과 온천이 나란히 솟는 곳이 있다고 합니다. 한쪽에는 부글부글 뜨거운 물이, 그 옆에는 차가운 물이 솟아 흐르는데, 주민들은 빨랫감을 가지고 와서 온천에 삶은 다음, 냉천에 헹구었습니다. 신기하다는 표정으로 그 장면을 본 관광객이 "빨래를 할 때마다 온천과 냉천을 한 곳에 주신 하나님께 감사하겠군요?"라고 물었습니다. 그 말에 안내원은 이렇게 대답했다고 합니다. "천만에요. 이곳 사람들은 '비누까지 주었으면 얼마나 좋았을까!'라며 불평한답니다."

우스운 이야기처럼 들리지만 가만히 생각해보면 우리도 이들과 같은 모습을 가질 때가 많습니다. 우리는 항상 긍정의 눈으로 세상을 보는 훈련을 해야 합니다. 절대긍정의 하나님께서 나와 함께하심을 믿어야 합니다. 좋은 일에 감사할 뿐 아니라, 좋지 않은 일은 좋게 해 주실 하나님을 신뢰함으로 감사해야 합니다. 가지지 못한 것에 집중하는 대신 가지고 있는 것에 집중해야 합니다. 할 수 없는 일로 인해 낙심하지 말고 할 수 있는 일에 도전해야 합니다.

감사 훈련: 감사가 습관이 되게 하라

감사가 습관이 되게 해야 합니다. 제 하루의 시작은 언제나 '감사'입니다. 매일 새벽마다, "하나님, 감사합니다"를 10번 이상 외치고 일어납니다. 하나님의 은혜를 생각하면 매일 매 순간 감사하지 않을 수 없습니다.

저명한 신약학자 윌리엄 바클레이William B. Barclay 목사님은 『만족의 비결The Secret of Contentment』이라는 책에서 투덜거리며, 만족하지 못하는 마음에 대해 다음과 같이 경고합니다.

"투덜거림과 불평은 하나님의 자녀라는 우리의 지위에 어울리지 않는다. 불신자는 근본적으로 불만족하는 이들로서, 그들은 이 세상으로는 절대 만족할 수 없는 갈증을 가지고 있다. 따라서 투덜거림은 우리를 이 세상에서 구별된 사람들이 아니라 이 세상에 속한 사람들과 마찬가지로 만들어버린다. 불신자는 자기 자신에게 집중하기 때문에 불평하지만, 예수 그리스도의 참 증인은 예수 그리스도에 집중하기 때문에 불평하지 않는다."

기독교 신앙은 십자가 신앙을 중심으로 한 절대긍정의 신앙입니다. 우리 그리스도의 복음에는 그 어느 한 부분에도 부정적인 요소가 없습니다. 우리의 복음은 온전한 복음이요. 우리 모두에게 주시는 절대긍정의 메시지입니다. 십자가는 죽음을 생명으로, 슬픔을 기쁨으로, 저주를 축복으로 바꾸었습니다. 그러므로 눈에 보이는 것 없고, 손에 잡히는 것 없을지라도 예수님의 십자가를 바라보고 감사의 고백을 드리는 우리가 되어야 합니다. "믿음에 굳게 서서 감사함을 넘치게 하라"골 2:7

감사 일기를 쓰는 것은 감사의 습관을 들이기 위한 좋은 훈련 방법이 될 수 있습니다. 저는 우리 교회에서 『감사QT 365』 책을 펴내어 성도들이 다 함께 매일 말씀을 묵상하고 감사 제목을 적도록 했습니다. 작은 것이라도 감사거리를 찾아 감사 노트에 적고 감사할 때 감사의 습관이 형성될 수 있기 때문입니다.

감사 훈련:
감사의 동역자를 만들라

『모든 것 위에 계신 하나님』이라는 책을 쓰신 최광규 선교사님은 1988년에 한국인으로는 처음으로 중미 도미니카공화국 선교사로 가셔서 8개의 교회와 초·중·고등학교를 설립하셨습니다. 그리고 선교사님이 사역하는 가나안교회에는 주일학교만 3천 명 이상 모여 하나님께 예배드리고 있다고 합니다.

어느 날, 선교사님이 말씀을 전하러 해변의 빈민촌에 가게 되었습니다. 이 지역에는 해마다 20차례 이상 태풍이 지나가기 때문에, 태풍으로 무너진 집과 건물들을 복구하기 무섭게 태풍이 다시 몰려와 모든 것을 쓸어가 버리기 일쑤였습니다. 경제적인 어려움은 물론 계속되는 피해로 주민들은 낙심과 절망에 빠질 수밖에 없는 상황이었습니다.

선교사님이 그들을 위해 기도하던 중 하나님께서 "기도 특공대를 만들어 기도해라. 너희 기도를 내가 들어 줄 것이다"라는 말씀을 주셨습니다. 그래서 7천 명의 기도 특공대를 모집했습니다. 이 소식이 도미니카공화국 전역은 물론 미국에까지 전파되었고, 나라에서도 기도 특공대를 정식으로 인정해 주었습니다. 그리고 2009년 10월에 7천 명의 기도 군사가 함께 모여 기도하기 시작했습니다. 그때 모인 기도 군사들이 한국에서 온 목사님들과 함께 "하나님께 감사하며 허리케인을 물리쳐 달라"고 한마음으로 뜨겁게 기도했는데 놀라운 기적이 일어났습니다. 2009년에 미국 마이애미에 있는 허리케인 본부에서 예상한 허리케인은 총 스물 한 개였는데 아홉 번째인 '아이다' 이후의 허리케인은 모두 소멸되고 만 것입니다.

믿음의 사람들이 마음을 합하여 기도할 때, 하나님이 역사하십니다. 혼자서는 할 수 없지만, 함께하면 능히 이룰 수 있습니다. 감사도 마찬가지입니다. 나 혼자 감사의 삶을 살아내기란 쉽지 않습니다. 감사 특공대가 필요합니다. 가족이 함께 감사 생활을 시작하는 것도 좋습니다. 직장이나 사업장, 혹은 지·구역에서 감사의 고백을 함께 나눌 동역자를 만드는 것이 좋습니다. 매주 혹은 매달 감사의 체험을 나눈다면, 서로에게 큰 격려가 되고 위로가 될 것입니다. 그리고 감사할 제목이 더 풍성해질 것입니다.

감사 훈련: 감사를 선포하라

긍정의 태도는 긍정의 고백으로 이어져야 하고, 감사의 태도는 감사의 고백으로 나와야 합니다. 에드워드 바운즈Edward M. Bounds 목사님은 『기도의 심장The Complete Works of E. M. Bounds on Prayer』이라는 책에서 이렇게 말
씀합니다.

"믿음은 불가능한 것을 이룬다. 왜냐하면 믿음은 하나님께서 우리를 대신해
일하시도록 하는 것이고, 그분은 전능하시기 때문이다. 믿음의 능력에는 한
계와 제한이 없다. 우리의 마음에서 의심을 몰아내고 불신앙을 추방한다면
우리가 하나님께 구하는 것이 반드시 이루어질 것이다. 하나님께서는 자신
이 말씀하신 모든 것을 믿음이 있는 자에게 허락하신다."

긍정의 믿음과 말은 우리의 몸과 마음에 영향을 줍니다. 별생각 없이
습관적으로 내뱉은 말이라도 청각기관을 통해 뇌에 입력되고, 이것이 우
리의 몸과 마음을 변화시키기 때문입니다. 서울백병원 정신건강의학과
우종민 교수는 "습관적으로 하는 말에 담긴 심리는 우리 몸과 마음에 그
대로 투영된다"라고 말합니다.

그러므로 우리는 마음으로 믿을 뿐 아니라 입으로 시인해야 합니다롬
10:10. 절대긍정의 하나님을 바라보며 그분이 합력하여 선을 이루실 것을
마음으로 믿고 입술로 고백해야 합니다. 그 감사의 믿음의 선포가 우리
귀에 들리고 하나님 귀에 들려질 때, 우리의 몸과 마음이 새롭게 되고 하
나님의 능력이 우리의 삶에 임하게 될 것입니다.

감사 선포 예시문

다음 선포는 하나의 예시문입니다. 각자에게 적합한 선포문을 만들어 '예수님의 이름으로' 날마다 감사를 선포해 보십시오.

자신에 대한 감사
- 나를 하나님의 자녀 삼아 주심에 감사합니다!
- 하나님의 나라를 위해 거룩한 사명을 주심에 감사합니다!
- 나의 기도와 간구에 응답하심에 감사합니다!
- 나를 강건하게 하심에 감사합니다!
- 모든 일에 합력하여 선을 이루심에 감사합니다!
- 오늘 하루도 평안하며 형통하게 하심을 믿고 감사합니다!
- 나를 축복의 통로로 사용하심에 감사합니다!

타인에 대한 감사
- 부모님에게 평안과 건강의 복을 주시니 감사합니다!
- 온 가족이 믿음으로 하나 되게 하시니 감사합니다!
- 오늘도 만나는 사람들을 축복하게 하시니 감사합니다!
- 하나님의 사랑으로 교제하게 하시니 감사합니다!
- 오늘도 다른 사람을 포용하고 용서하게 하시니 감사합니다!
- 선한 말과 도움의 손길로 이웃을 섬기게 하시니 감사합니다!
- 감사의 제목을 서로 나누게 하시니 감사합니다!

감사 선포 예시문

일과 사명에 대한 감사

- 나의 일터에 하나님의 나라가 임하게 하시니 감사합니다!
- 내가 하는 일이 하나님의 기쁨이 되게 하시니 감사합니다!
- 함께 일하는 동료에게 복음을 전하게 하시니 감사합니다!
- 나의 일과 사명을 방해하는 악한 권세들이 떠나게 하시니 감사합니다!
- 오늘도 기쁨으로 감사하며 일하게 하시니 감사합니다!
- 모든 일을 주께 하듯 하게 하시니 감사합니다!
- 범사에 형통하게 하시니 감사합니다!

문제에 대한 감사

- 문제를 통해 하나님의 뜻과 지혜를 깨닫게 하시니 감사합니다!
- 문제 가운데 도울 자를 만나게 하심에 감사합니다!
- 문제 가운데 길을 열어 주시니 감사합니다!
- 재정의 문제가 해결되고 하나님이 복을 주심에 감사합니다!
- 대인관계의 갈등이 해결되게 하시니 감사합니다!
- 문제 가운데 인내와 겸손을 배우게 하심을 감사합니다!
- 모든 고난과 어려움이 합력하여 선을 이루게 됨을 감사합니다!

감사 선포 예시문

교회에 대한 감사

- 하나님이 기뻐하시는 교회가 되게 하심에 감사합니다!
- 모든 예배와 찬송과 기도 가운데 성령이 충만하게 역사하심을 감사합니다!
- 담임목사님을 통해 거룩한 꿈과 비전을 주심에 감사합니다!
- 모든 교역자와 제직이 겸손으로 교회를 섬기게 하심을 감사합니다!
- 모든 성도가 말씀과 성령을 사모하게 하심을 감사합니다!
- 교역자와 제직, 성도가 한마음 되게 하심을 감사합니다!
- 복음 전파의 열정이 넘치며 교회가 부흥하게 하심을 감사합니다!

미래에 대한 감사

- 거룩한 꿈과 비전을 주심에 감사합니다!
- 복된 미래를 꿈꾸게 하심에 감사합니다!
- 나의 앞길을 막는 모든 장애물과 사단을 멸하심에 감사합니다!
- 꿈과 비전을 그리며, 구체적으로 기도하게 하심을 감사합니다!
- 하나님의 꿈을 이루기 위한 동역자를 만나게 하심을 감사합니다!
- 어디를 가든 형통하여 하나님이 나와 함께하심을 드러내게 하시니 감사합니다!
- 나를 향한 하나님의 꿈과 소망이 모두 이루어질 것을 믿고 감사합니다!

Positivity Quotient Check List

절대긍정지수 체크 리스트 ☑

당신의 절대감사지수(PQ)는?
각 문항을 읽고 해당하는 칸에 체크해 봅니다.

측정 문항	전혀 아니다 1점	아니다 2점	보통 이다 3점	그렇다 4점	매우 그렇다 5점
1. 아침에 일어나면 가장 먼저 하나님께 감사를 고백한다.					
2. 일상의 사소한 것에서도 감사할 것을 찾는다.					
3. 주위 사람들에게 감사를 자주 표현하는 편이다.					
4. 아직 기도 응답이 없어도 감사하며 기도한다.					
5. 어려운 일이 생겨도 불평 대신 감사를 고백한다.					
6. 내게 없는 것을 불평하지 않고 지금 내가 가진 것에 감사한다.					
7. 매일 감사 큐티나 일기를 쓰며 하나님 은혜를 묵상한다.					
8. 고난이나 문제가 신앙과 인격 성장의 기회임을 믿고 감사한다.					
9. 일이 생각대로 안 풀려도 하나님이 좋게 하실 것을 믿고 감사한다.					
10. 잠들기 전에 감사의 기도로 하루를 마감한다.					

각 문항마다 체크한 점수를 합산합니다.
절대감사지수 합계 (   )점

주라 그리하면 너희에게 줄 것이니
곧 후히 되어 누르고 흔들어 넘치도록 하여
너희에게 안겨 주리라
누가복음 6장 38절

삼중훈련(3): 사랑나눔의 훈련

The Miracle of
Absolute Positivity

삼중훈련(3):
사랑나눔의 훈련

우리는 일로써 생계를 유지하지만 나눔으로써
인생을 만들어 나간다.
- 윈스턴 처칠

저는 어린 시절, 서울 상도동에 살았던 적이 있습니다. 당시는 6·25전쟁 이후로 누구나 가난하게 살았던 시절이었는데, 그 시기에 저의 할아버지는 밤마다 상도동 뒷산에 오르곤 하셨습니다. 그냥 오르신 것이 아니라 자루에 쌀을 담아서 자루 입구를 재봉틀로 박아 어깨에 지고 나가셨습니다. 잠시 후에 빈 몸으로 돌아오신 할아버지는 다른 쌀자루를 메고 나가셨고 밤 늦도록 여러 번 산을 오르셨습니다. 집이 없이 산에 토굴을 파고 사는 분들에게 남몰래 먹을거리를 가져다주신 것이었습니다.

신기한 것은 토굴에 살던 분들이 쌀을 다 먹고 나면 꼭 빈 자루를 들고 저희 집을 찾아오셨다는 사실입니다. 할아버지께서 "아니, 어떻게 알고 찾아오셨습니까?"라고 물으면 그분들은 "이 동네에 이런 일을 하실 분이 장로님밖에 더 있겠습니까?"라고 대답하셨습니다. 그러면 아무 말씀도 안 하시고 빈 자루를 가지고 들어가셔서 쌀을 가득 채워 돌려 보내셨습니다. 이렇듯 저희 할아버지께서는 늘 이웃 사랑을 몸으로 실천하셨습니다. 그런 할아버지를 보고 자란 저 역시 이웃 사랑을 실천하기 위해 노력하고 있습니다.

절대긍정의 기적을 경험함에 있어 필수적인 것은 사랑나눔을 훈련하는 것입니다. 사랑 실천이야말로 하나님이 가장 기뻐하시는 일이며 하나님의 큰 복을 받는 비결입니다. 성경의 모든 계명을 한 마디로 축약하면 '사랑'이라고 말할 수 있습니다. "사랑은 율법의 완성이니라"롬 13:10

사랑을 나눌 때
충전되는 긍정의 에너지

사랑은 부정이 아니라 긍정입니다. 긍정적인 사람이 사랑을 나눌 수 있습니다. 또한 부정적인 사람도 사랑을 실천하게 되면 긍정적인 사람으로 변화될 수 있습니다. 내가 남을 사랑하고 희생하면 반드시 부메랑이 되어서 내게 돌아옵니다. "한 알의 밀이 땅에 떨어져 죽지 아니하면 한 알 그대로 있고 죽으면 많은 열매를 맺느니라"요 12:24

오스트리아의 심리학자 알프레드 아들러Alfred Adler 박사는 우울증 환자들에게 "이웃을 행복하게 해 주고 사랑을 베풀어 주라"는 처방을 내렸는데 그 처방대로 실천한 환자들은 우울증이 다 치료되는 경험을 했다고 합니다. 우울증 환자들은 자기 내면과 감정에만 초점을 둡니다. 문제만 생각하고 자기 내면만 생각하면 우울증의 수렁에서 빠져 나올 수가 없습니다. 그러나 사랑을 나누고 베풀면 사랑도 기쁨도 부메랑처럼 내게 다시 돌아오고 우울증도 치료될 수 있습니다.

연세대 건강도시연구센터는 우울증에 걸린 노인들을 돌보는 일을 합니다. 이들 노인들의 우울증 치료를 위해 행하는 여러 프로그램 중 하나가 바로 '노노케어老老care'입니다. 노노케어는 말 그대로 우울증 극복 프로그램에 참석한 노인들이 다른 또래의 노년층을 돌보는 것입니다. 치료 프로그램에 참석한 노인들은 프로그램이 끝난 후 핫팩 주머니를 만들어 요양원에 있는 분들에게 전달하곤 했습니다. 이런 활동은 우울증에 시달리는 노인들의 자존감을 높여주고 자기 효능감을 심어주는 데 도움이 되고 있다고 합니다. 활동에 참여하셨던 어느 분은 "우울감이 완화되고 긍정적인 삶의 에너지를 받게 되었다"라고 하면서 기뻐했습니다. 또한 요양원의 관계자는 "추운 날씨에도 어르신들이 밝은 모습으로 활동에 참여

하는 것을 보니 너무 감사하다"라고 고백했습니다.

사랑나눔의 실천은 타인에게 도움을 주는 동시에 자신의 우울증을 치료하는 치료제 역할도 하고 있었던 것입니다. 이것이 가능한 이유는 우리가 사랑을 나눌 때 긍정의 에너지가 강하게 충전되기 때문입니다.

사랑을 나누면 건강하고 행복해진다

긍정 에너지가 충전되면 사람이 건강해지고 행복해집니다. '100세가 넘은 철학자'로 알려진 연세대학교 김형석 명예교수님은 어떤 인터뷰에서 결코 행복해질 수 없는 두 부류의 사람이 있다고 설명합니다.

그가 말하는 첫 번째 부류는, 정신적 가치를 모르는 사람입니다. 정신적 가치를 모른 채 돈, 권력, 명예를 좇는 사람들은 행복해지기 어렵습니다. 그런 것은 가지면 가질수록 목이 마르고 배가 고프기 때문입니다. 두 번째 부류는, 이기주의자들입니다. 사람의 인격은 행복을 담는 그릇입니다. 이기주의자의 인격은 행복을 담기에 너무 작습니다. 따라서 자기 자신을 먼저 생각하고 자기 자신만을 위해 사는 사람의 인격은 절대 성장할 수 없기에 행복할 수가 없습니다.

사랑나눔은 사랑을 받는 상대방뿐 아니라 사랑을 행하는 사람 역시 행복하게 만듭니다. 나눔을 행하는 그 사람의 마음과 정신과 육신을 치료하고 강건하게 합니다. 진정한 행복과 건강은 사랑을 나누고 실천하는 것에서 비롯되기 때문입니다.

미국의 유명한 버클리 대학교에서 쥐를 가지고 흥미로운 실험을 했습니다. 첫 번째 실험에서는 쥐에게 혼자 먹이를 먹고 살게 했는데 600일을 살다가 죽었습니다. 두 번째 실험에서 다섯 마리를 함께 먹도록 해놓았더니 700일을 살았습니다. 100일을 더 산 것입니다. 세 번째는 사람의 손바닥에 쥐를 올려놓고 음식을 먹여 주었습니다. 더 먹고 싶어 할 때는 더 주기도 하고 먹기 싫어할 때는 다른 것을 먹이면서 지켜보았는데 이 쥐는 950일을 살았다고 합니다. 연구팀은 이런 실험을 통해 동물도 이렇게 사람과 더불어 살면서 사랑의 힘을 주고받게 하면 결과적으로 평안해지고 수명이 연장된다는 것을 발견했습니다. 우리 역시 오래 행복하게 살려면 서로 사랑을 주고받는 것이 중요합니다.

복음이란, 하나님의 사랑을 알고 행하는 것

하나님의 사랑을 통해 우리는 영원히 건강하고 행복하게 살 수 있는 영생을 선물로 받게 됩니다. 세상을 향한 하나님의 복된 소식good news, 곧 '복음' 안에는 예수님을 통해 우리에게 보여주신 하나님의 놀라운 사랑이 있습니다. 예수님은 죄인 된 온 인류를 구원하시기 위해 십자가에 달려 돌아가셨고 사흘 만에 부활하셨습니다. 죽음의 위협 앞에서 물러서지 않으시고 우리를 살리신 것입니다. 우리가 먼저 주님을 사랑한 것이 아닙니다. 하나님이 먼저 우리를 사랑하셔서 하나님의 아들이신 예수님을 보내주신 것입니다.

> "사랑은 여기 있으니 우리가 하나님을 사랑한 것이 아니요 하나님이 우리를
> 사랑하사 우리 죄를 속하기 위하여 화목 제물로 그 아들을 보내셨음이라"
> _ 요한일서 4:10

인류 역사의 시계는 기원전B.C.과 기원후A.D.로 나뉩니다. B.C.는 '예수 그리스도 이전Before Christ'의 약자이고, A.D.는 '주님의 해Anno Domini'의 약자입니다. 예수님의 탄생을 기준으로 시기가 나뉘는 것입니다. 저는 인류 역사뿐 아니라 우리 인생에도 B.C.와 A.D.가 있어야 한다고 생각합니다. 예수님을 알기 전, 죄와 사망의 권세 아래 있을 때의 우리 모습과 빛과 생명이신 예수님을 알고 난 후의 우리 모습은 달라야 합니다. 절대긍정의 상징인 십자가를 통해 주어진 하나님의 사랑을 경험한 사람은 결코 이전과 같은 삶을 살 수 없습니다. 예수님처럼 사랑을 베풀며 살아가야 합니

다. 사랑하는 것은 예수님의 성품을 가장 많이 닮아가는 것입니다.

2022년 12월 크리스마스가 얼마 남지 않은 어느 저녁, 인천 계양의 한 도로에 60대 남성이 쓰러졌습니다. 주변 사람들은 무심히 그곳을 지나쳤지만, 그 길을 지나던 4명의 여고생은 즉시 그리로 달려갔습니다. 한 학생은 경련으로 숨도 제대로 쉬지 못하는 그 남성을 대상으로 침착하게 심폐소생술을 했고, 친구들은 119와 주변 사람에게 도움을 요청했습니다. 구급차가 올 때까지 심폐소생술을 한 결과 5분이라는 골든타임을 지킬 수 있었고 그 덕에 60대 남성은 살아날 수 있었습니다.

심폐소생술을 실시한 학생은 우리 교회 소속 목사님의 딸입니다. 생면부지의 남성에게 달려가서 망설이지 않고 심폐소생술을 하는 것은 결코 쉬운 일이 아닙니다. 하지만 "차도에 쓰러진 사람을 그냥 지나칠 수 없었어요. 무섭기도 했지만 친구들과 함께였고, 학교 보건 동아리에서 배운 대로 실천할 수 있었어요"라는 그 학생의 말은 당시 사회에 큰 울림을 주었습니다.

저도 대학을 다니던 시절 난지도 철거민촌에서 봉사를 한 적이 있습니다. 망원동 논둑길을 30분 정도 걸어가면 난지도 앞에 큰 둑이 있었는데 그 주변으로 철거민들이 살고 있었습니다. 검정 기름종이를 둘러치고 나무와 돌을 얹어 지은 판잣집들이 세워진 동네에는 약 300여 가구가 살고 있었습니다. 어른들은 공사장에 일을 나가셨고 아이들은 구두닦이나 넝마주이를 하고 있었습니다.

당시 일주일 정도 봉사활동을 하는 동안 같은 서울 하늘 아래 이렇게 다른 환경에서 사는 사람들이 있다는 생각에 마음이 많이 아팠습니다. 그때 이런 생각을 했습니다. '예수님은 우리뿐만 아니라 저들을 위해서도 십자가에서 고난당하시고 죽으셨는데…', 그때부터 예수님을 믿는 사람들이라면 이런 분들부터 섬겨야 한다는 생각을 마음에 각인하게 되었습니다.

전도와 선교도 사랑나눔이다

전도와 선교는 하나님의 사랑을 사람들에게 나누는 것입니다. 곧 이 두 가지는 최고의 사랑나눔입니다. 저의 어머니 목사님은 기도와 전도에 헌신한 분이셨습니다. 눈만 뜨면 하루 종일 전도하러 다니셨습니다. 제가 고등학교 3학년 때 어머니에게 "어머니, 제가 고3인데 저도 좀 신경써주세요"라고 말할 정도였습니다. 그러나 어머니의 기도와 전도의 헌신으로 저는 공부도 잘할 수 있었고 하나님의 큰 복을 받게 되었습니다. 어머니는 교도소에서 출소한 청년들에게도 열심히 전도하여 교회로 인도하곤 하셨습니다. 그렇게 어머니 마음속에 하나님의 사랑이 불처럼 뜨겁게 타올라서 전도하지 않고서는 참을 수 없었던 것입니다렘 20:9.

복음을 전한다는 것은 단지 말로만 "예수님을 믿으세요"라고 외치는 것이 아닙니다. 복음을 통해 하나님의 사랑을 경험한 사람이 직접 그 사랑을 나누는 것입니다. 그때 복음이 세상 가운데 전해집니다. 사도 요한은 우리가 사랑을 행할 때 세상 사람들이 보이지 않는 하나님을 보게 될 것이라고 말했습니다.

> "사랑하는 자들아 하나님이 이같이 우리를 사랑하셨은즉 우리도 서로 사랑하는 것이 마땅하도다 어느 때나 하나님을 본 사람이 없으되 만일 우리가 서로 사랑하면 하나님이 우리 안에 거하시고 그의 사랑이 우리 안에 온전히 이루어지느니라" _ 요한일서 4:11-12

저도 여의도순복음교회 담임목사가 된 이후, 다양한 사랑나눔을 지속적으로 실천해오고 있습니다. 매년 교회 예산의 3분의 1을 사랑나눔을 위해 사용합니다. 쪽방촌을 방문해 어려움 가운데 있는 분들을 위로하는 일, 불우한 이웃들을 위해 '사랑의희망박스'와 '사랑의김장김치'를 나누는 일, 심장병 환우들을 위한 무료 시술, 다자녀 가족 지원, 탈북자, 도움이 필요한 청년과 노인을 위한 지원금 지급 사업 등을 활발히 진행해오고 있습니다.

이러한 사랑나눔을 통해 세상 사람들은 우리를 주목하는 것이 아니라 우리를 구원하신 예수님을 보게 될 것입니다. 예수님이 가장 큰 사랑의 본을 우리에게 보여주셨기 때문입니다.

사랑의 근육을 키우라

하나님이 이스라엘 백성에게 철저하게 시킨 훈련 중 하나는 '주는 훈련'이었습니다. 먼저 하나님께 모든 소출의 첫 이삭을 바치게 하셨습니다출 23:19. 쓰고 남은 것이 아니라 가장 소중한 것을 먼저 하나님께 드리게 했습니다. 그리고 가난한 이웃을 도와주게 하셨는데 이때는 소중한 것이 아니라 우리가 쓰고 남는 부분을 주게 하셨습니다. 예를 들어, 포도원 주인이 포도를 수확할 때 모두 거둘 것이 아니라 나그네나 과부를 위하여 일부를 남겨두게 하셨고, 곡식 이삭도 다 거두지 말고 남겨두게 하셨습니다레 19:9-10. 세상 사람들은 얼마나 많은 것을 가지고 있느냐로 사람을 판단합니다. 그러나 하나님의 판단 기준은 다릅니다. 하나님은 우리가 가진 것으로 얼마나 베풀고 나누었는지를 보십니다.

제가 전도사 시절에 알게 된 한 집사님이 계십니다. 그분은 사업으로 성공하신 분이었는데 그 사실을 알고 주변의 많은 분이 재정적인 요청을 해왔습니다. 그러나 집사님은 그 누구에게도 돈을 빌려주지 않으셨습니다. 집사님은 그 이유에 대해 이렇게 설명하셨습니다. "가까운 친구에게 돈을 빌려주었다가 못 받은 적이 있습니다. 그 일로 돈도 잃고 친구도 잃었기에 늘 마음이 아팠습니다. 그래서 그 후로는 어려운 사람이 찾아오면 진짜 사정이 딱한지 확인하고 조건 없이 그저 도움을 드립니다. 그리고는 도움을 준 사실 자체를 잊어버립니다."

저는 '도움을 주고난 후 그 사실을 잊어버린다'는 집사님의 말씀이 특별히 마음에 와닿았습니다. 세상 사람들은 무척 계산적입니다. 무언가를 베풀면 반드시 되돌려 받을 것을 계산하기 때문입니다. 그러기에 갚을 능력이 없는 사람에게는 아예 베풀지 않습니다. 그러나 예수님은 주는 것이 받는 것보다 복이 있다고 말씀하셨습니다행 20:35. 성경에서도 어려움 가운데 있는 사람에게 받을 것을 계산하지 않고 베푸는 것이 하나님의 복을 받는 비결이라고 말씀합니다.

"너희 중에 분깃이나 기업이 없는 레위인과 네 성중에 거류하는 객과 및 고아와 과부들이 와서 먹고 배부르게 하라 그리하면 네 하나님 여호와 ^{ye} 께서 네 손으로 하는 범사에 네게 복을 주시리라"_신명기 14:29

"가난한 자를 불쌍히 여기는 것은 여호와야훼께 꾸어 드리는 것이니 그의 선행을 그에게 갚아 주시리라"_ 잠언 19:17

"주라 그리하면 너희에게 줄 것이니 곧 후히 되어 누르고 흔들어 넘치도록 하여 너희에게 안겨 주리라"_ 누가복음 6:38

릭 워렌 목사님은 근육 운동을 하지 않으면 근육이 약해지고 쇠퇴하는 것처럼 하나님이 주신 사랑의 근육을 사용하지 않으면 그것들을 잃게 될 것이라고 말씀합니다. 선수들이 올림픽을 위해 훈련하고 준비하는 것과 같이 우리도 늘 사랑을 나누고 섬김을 훈련하며 준비해야 합니다. 이런 사랑 훈련은 이생과 내세에 큰 복이 될 것입니다딤전 4:8.

사람들의 필요에 민감하라

사랑을 잘 나누려면 사람들의 필요에 대한 민감성sensitivity을 갖는 것이 중요합니다. 예수님은 사람들의 필요에 늘 민감하신 분이셨습니다. 마가복음 8장에는 예수님이 사람들의 필요에 얼마나 민감한 분이셨는지가 잘 나타나 있습니다. 예수님 말씀을 듣고 따르던 군중이 먹을 것이 없어 곤경에 처했을 때, 예수님은 "내가 무리를 불쌍히 여기노라 그들이 나와 함께 있은 지 이미 사흘이 지났으나 먹을 것이 없도다 만일 내가 그들을 굶겨 집으로 보내면 길에서 기진하리라 그 중에는 멀리서 온 사람들도 있느니라"막 8:2-3고 말씀하셨습니다. 이런 예수님의 말씀에 제자들은 "이 광야 어디서 떡을 얻어 이 사람들로 배부르게 할 수 있으리이까"막 8:4라고 대답할 뿐이었습니다. 그러나 예수님은 일곱 개의 떡과 작은 생선 두 마리로 그곳에 모인 4천 명의 사람들을 먹이셨습니다. 예수님은 언제나 사람들의 필요를 아셨고 그 필요를 채우시는 분이셨습니다.

사도행전 9장에 보면 다비다도르가라는 예수님의 여제자가 있었는데 선행과 구제하는 일이 많았습니다. 가난한 이들을 위해 손수 지은 옷을 나누어 주면서 친절을 베풀었습니다. 그녀가 병들어 죽었고, 때마침 욥바를 지나던 사도 베드로가 초청을 받아 다비다의 집에 가자, 모든 과부가 그 방에 가득 모여 다른 이들을 섬기고 돕는 것을 좋아했던 그녀를 눈물로 애도했습니다. 그때 베드로가 무릎을 꿇고 기도한 후, 시체를 향하여 '다비다야 일어나라!'라고 명령하자 살아나게 되었습니다. 죽었던 다비다가 살아나는 기적은 그녀가 사람들의 필요를 채워주었던 사랑의 힘과 무관하지 않았을 것입니다. 다비다는 살아난 후에 어떻게 살았을까요? 아마도 예수님의 복음을 증거하며 예전과 같이 다른 사람들의 필요를 채워주며 사랑을 베풀었을 것입니다.

사랑을 실천하려면 예수님처럼 사람들이 필요로 하는 것이 무엇인지를 늘 살펴야 합니다. 그 필요가 육체적인 것인지, 물질적인 것인지, 정신적인 것인지, 영적인 것인지를 분별해야 하고 그것을 어떻게 채워줄지 하나님의 지혜와 공급을 구해야 합니다. 진정한 사랑love과 긍휼compassion의 마음이 있다면, 성령 하나님께서 사랑 실천의 방법도 알려주실 것입니다.

작은 것이라도 나누는 삶

저는 구두 수선공이신 김병록 집사님의 기사를 읽고 감동을 받은 적이 있습니다. 1996년부터 수선일을 해오신 집사님은 어느 날 문득 '가정마다 신지 않는 헌 구두가 얼마나 많을까?'라는 생각을 하게 되었습니다. 그래서 "신지 않거나 버리는 구두가 있으면 구두병원으로 가져다주십시오"라고 가게 앞에 붙여두었습니다. 이후 약 5,000켤레의 구두를 모아 수선해서 어려운 이웃에게 나누어 주었습니다. 김 집사님의 선행은 여기에서 끝나지 않았습니다. 양로원에 이발 봉사를 다니셨고 결식아동, 소년소녀가장, 은퇴 목회자들을 도우며 사셨습니다. 이뿐만 아니라 2020년에 노후 자금으로 사둔 7억 상당의 땅을 팔아 코로나19로 인해 힘들어진 분들을 위해 기부하셨습니다.

이후 김 집사님은 한 인터뷰에서 이렇게 말씀하셨습니다. "저 같은 크리스천들은 예수님으로 말미암아 새 생명을 얻었기 때문에 덤으로 사는 인생들이에요. 그러니 욕심 부릴 게 없지요. 다 주고 가야지요." 김병록 집사님의 신앙의 모습을 보면서 진실한 신앙 속에 이웃 사랑의 정신이 깃든다는 것을 느낄 수 있습니다. 우리는 모두 예수님 때문에 새로운 생명을 얻어 덤으로 사는 인생들입니다. 사랑나눔은 새 생명을 주신 주님의 은혜에 보답하는 길입니다.

우리는 하나님이 주신 것에 감사하며 내게 주신 것들을 나누며 살아야 합니다. 물질이 있는 사람은 물질로 베풀 수 있습니다. 세례침례 요한이 와서 회개에 합당한 열매를 맺으라고 심령을 울리는 설교를 할 때에 사람들은 어떻게 해야 하냐고 물어보았습니다. 그때 요한은 "옷 두 벌 있는 자는 옷 없는 자에게 나눠 줄 것이요 먹을 것이 있는 자도 그렇게 할 것이니라"눅 3:11고 대답하였습니다. 우리나라 속담에도 "곳간에서 인심난다"라는 말이 있습니다. 밥 한 끼라도 사주고 가진 것을 나누는 모습이 우리 삶 안에 이어져야 합니다.

전성실 선생님이 쓰신 『아름다운 나눔 수업』을 보면 우리가 할 수 있는 사랑나눔이 다양하다는 것을 알 수 있습니다. 우리는 보통 누군가를 돕고 섬기기 위해 아주 큰일을 해야 한다고 생각합니다. 그러나 사랑나눔은 작은 일에서 시작될 수 있습니다.

일본의 사회적 기업 테이블 포 투Table For Two에서는 2007년부터 20엔한화약 200원 기부 운동을 시작했습니다. 점심식사를 할 때 20엔을 뺀 다이어트 식단을 선택하는 것입니다. 그리고는 이 돈으로 다른 나라의 밥을 굶는 아이들을 도울 수 있도록 했습니다.

사랑나눔은 단지 물질을 나누는 것만을 의미하지 않습니다. 우리가 가진 재능을 나눌 수도 있고 시간을 나눌 수도 있습니다. 우리가 남보다 공부를 많이 하여 지식이 있다면 그 지식도 나눌 수 있습니다. 우리의 관심과 마음을 나누는 것도 필요합니다. 특히 요즘과 같이 마음의 병으로 인해 많은 사람이 고통당하는 상황에서 그런 사람들의 이야기를 들어주고 마음을 이해해 주는 일은 아주 중요합니다.

전성실 선생님은 2007년 미국 버지니아 공대에서 벌어졌던 총격사건을 예로 들면서 이렇게 말합니다. "만약 조승희 씨에게 마음을 나눌 수 있는 친구가 한 명이라도 있었다면, 조승희 씨의 마음을 조금이라도 이해하는 친구가 있었다면 그 총격 사건은 일어나지 않았을 것이라고 심리학자들은 분석하고 있습니다." 누군가에게 다가가서 위로해 주고 용기의 말을 주는 것도 사랑나눔의 한 방법이 될 수 있습니다.

우리는 영적인 것도 나눌 수 있습니다. 자신이 받은 성령의 은사를 활용하여 교회와 성도들을 섬길 수 있습니다. 중보기도의 은사를 받으신 분들은 교회와 목회자를 위하여, 시험에 빠진 성도들을 위하여, 전도 대상자를 위하여, 나라와 민족을 위하여 기도할 수 있습니다. 위로의 은사를 받으신 분은 슬픔에 빠진 자를 위로하는 일에 열심을 다할 수 있습니다롬 12:8. 우리가 가진 모든 것은 다 사랑나눔의 도구가 될 수 있습니다.

> "하나님은 사랑이시라 사랑 안에 거하는 자는 하나님 안에 거하고 하나님도
> 그의 안에 거하시느니라" _ 요한일서 4:16

우리 인생의 가장 큰 기적은 하나님이 우리를 구원해 주시고 사랑해 주신 것입니다. 우리가 하나님께 받은 사랑이 너무나 크고 놀라워, 매일 감사하며 살 수밖에 없습니다. 예수 그리스도의 십자가를 볼 때마다 절대긍정의 희망과 사랑을 깨닫게 됩니다. 또한 우리를 향한 하나님의 절대긍정의 사랑은 그 어떤 피조물이나 장애물도 끊을 수 없습니다롬 8:35-39. 그러므로 우리는 절대긍정의 하나님에 대한 절대긍정의 믿음을 가지고 살아가야 합니다. 인생에 어떤 어려움이 다가와도 다 합력하여 선을 이루게 될 것입니다. 이제 하나님이 주시는 거룩한 꿈을 가지고 믿음의 말로 선포하고 감사하며 사랑을 나누며 살아가는 사명자가 되십시오. 절대긍정의 원리가 여러분의 삶 가운데 놀라운 변화와 축복과 기적을 불러오길 소망합니다.

사랑 실천 선포 예시문

다음 선포는 하나의 예시문입니다. 각자에게 적합한 선포문을 만들어 '예수님의 사랑의 마음으로' 선포해 보십시오.

- 나는 하나님을 그 어느 것보다 가장 많이 사랑한다!
- 나는 나 자신을 귀하게 여기고 사랑한다!
- 나는 내가 만나는 모든 사람을 존경하며 사랑한다!
- 나는 내가 하는 일을 가치 있게 여기고 사랑한다!
- 나는 고난과 문제를 통해 하나님 사랑을 더 크게 깨닫게 될 것이다!
- 나는 우리 교회와 목회자들을 귀하게 여기며 기도하며 사랑한다!
- 나는 내 미래에 대해 기대하며 좋은 일이 일어날 것을 믿는다!
- 나는 내가 가진 물질의 일부를 가지고 가난한 자를 도울 것이다!
- 나는 내가 가진 재능이나 은사를 교회와 타인을 위해 봉사할 것이다!
- 나는 기도나 위로나 도움이 필요한 사람에게 다가가 그들을 도울 것이다!

Positivity **Q**uotient Check List

절대긍정지수 체크 리스트 ☑

당신의 사랑나눔지수(PQ)는?
각 문항을 읽고 해당하는 칸에 체크해 봅니다.

측정 문항	전혀 아니다 1점	아니다 2점	보통 이다 3점	그렇다 4점	매우 그렇다 5점
1. 하나님 사랑을 알고 나누는 것이 내 인생의 핵심 가치 중 하나이다.					
2. 내가 만나는 사람들의 필요를 살피는 편이다.					
3. 어려움에 빠진 이웃이나 친구가 있으면 기꺼 이 돕는다.					
4. 복음을 알지 못하는 가족이나 친구를 위해 기도 한다.					
5. 내가 가진 은사와 재능을 교회와 이웃을 돕는 데 사용한다.					
6. 하나님을 믿지 않는 이웃이나 동료에게 복음 을 전하고 있다.					
7. 가난한 사람들을 물질로 구제하는 일에 동참 하고 있다.					
8. 질병이나 문제로 아파하는 이웃을 위해 중보 기도를 하거나 위로해 준다.					
9. 교회나 사회에서 진행하는 나눔과 도움 프로 그램이나 캠페인에 참여한다(예, 헌혈, 구제를 위한 기금이나 물품 모금 등)					
10. 어떤 보상이나 대가 없이 친절과 사랑을 실천 한다.					

각 문항마다 체크한 점수를 합산합니다.
사랑나눔지수 합계 (   )점

The Miracle of
Absolute Positivity

Positivity Quotient

절대긍정지수
체크 리스트

The Miracle of
Absolute Positivity

Positivity **Q**uotient Check List

절대긍정지수 체크 리스트 ☑

당신의 긍정태도지수(PQ)는?
각 문항을 읽고 해당하는 칸에 체크해 봅니다.

측정 문항	전혀 아니다 1점	아니다 2점	보통 이다 3점	그렇다 4점	매우 그렇다 5점
1. 스트레스를 받을 때 긍정적으로 생각하며 극복 하는 편이다.					
2. 부정적인 감정으로 삶의 태도나 방향을 결정 하지 않는다.					
3. 고난과 역경을 경험해도 거기서 교훈을 얻고 다시 일어난다.					
4. 평소에 긍정의 힘을 믿고 많이 의식하는 편이다.					
5. 남은 인생과 미래에 대해 큰 기대감을 가지고 있다.					
6. 환경이나 사람들을 바라볼 때 어두운 면보다 는 밝은 면을 더 보기 위해 노력하는 편이다.					
7. 내가 잘되는 모습이나 성공하는 모습을 시각 화하며 바라본다.					
8. 내 주위에 부정적인 말을 하는 사람보다는 긍정 적인 말을 하는 사람이 모여드는 편이다.					
9. 무엇인가를 시작하기 전에 실패할 것 같다고 생각하지 않는다.					
10. 내 안에 사랑과 긍정의 에너지가 많은 편이다.					

각 문항마다 체크한 점수를 합산합니다.
긍정태도지수 합계 (   )점

Positivity Quotient Check List

절대긍정지수 체크 리스트 ☑

당신의 긍정믿음지수(PQ)는?
각 문항을 읽고 해당하는 칸에 체크해 봅니다.

측정 문항	전혀 아니다	아니다	보통 이다	그렇다	매우 그렇다
	1점	2점	3점	4점	5점
1. 내 인생에서 하나님은 가장 중요한 분이시고 내가 가장 사랑하는 분이라고 생각한다.					
2. 기도할 때 하나님이 내 옆에 가까이 계시다고 믿는다.					
3. 예수 그리스도의 십자가가 하나님의 절대긍정의 사랑을 보여준다고 믿는다.					
4. 어떤 고난과 어려움이 있어도 하나님이 계시기에 낙심하지 않는다.					
5. 매일 하나님과 교제하고 대화한다.					
6. 바라는 것이 빨리 이루어지지 않을 때 조급하게 생각하기보다는 '하나님의 때가 있을 거야'라고 생각하며 참는다.					
7. 믿음 생활하면서 하나님의 사랑을 크게 감격하며 느낀다.					
8. 기도할 때 내 안의 낙심과 부정적인 생각이 사라지는 것을 자주 경험한다.					
9. 하나님의 말씀을 매일 읽고 묵상하고 있다.					
10. 선할 때나 악할 때나 평안할 때나 곤고할 때나 다 하나님의 주권 아래에 있다고 믿는다.					

각 문항마다 체크한 점수를 합산합니다.
긍정믿음지수 합계 (   )점

Positivity **Q**uotient Check List
절대긍정지수 체크 리스트 ☑

당신의 자기긍정지수(PQ)는?
각 문항을 읽고 해당하는 칸에 체크해 봅니다.

측정 문항	전혀 아니다	아니다	보통 이다	그렇다	매우 그렇다
	1점	2점	3점	4점	5점
1. 스스로 매력이 있다고 생각한다.					
2. 다른 사람과 비교하며 열등감을 느끼지 않는다.					
3. 하나님이 나를 독특하고 소중하게 만드셨다고 믿는다.					
4. 사랑 받을 수 있는 자격이 충분하다고 생각한다.					
5. 지금 행복하다고 느끼고 있다.					
6. 다른 사람의 험담이나 비판에 크게 좌우되지 않는다.					
7. 나만이 가진 재능과 가치가 있다고 믿는다.					
8. 나 자신을 귀하게 여기고 사랑하고 있다.					
9. 어떤 일을 맡겨도 잘 할 수 있을 거라고 생각한다.					
10. 나의 미래 모습을 그리며 선포하고 축복한다.					

각 문항마다 체크한 점수를 합산합니다.
자기긍정지수 합계 (   )점

Positivity **Q**uotient Check List

절대긍정지수 체크 리스트 ☑

당신의 타인긍정지수(PQ)는?
각 문항을 읽고 해당하는 칸에 체크해 봅니다.

측정 문항	전혀 아니다 1점	아니다 2점	보통 이다 3점	그렇다 4점	매우 그렇다 5점
1. 타인을 볼 때 단점보다 장점을 보려고 한다.					
2. 나와 생각이 다른 사람과 대화하는 것이 어렵지 않다.					
3. 어려운 상황에 있는 사람을 돕는 것이 기쁘다.					
4. 타인의 감정을 배려하며 귀하게 여긴다.					
5. 사람들을 대할 때 미소와 친절을 잃지 않는다.					
6. 만나는 사람들을 귀하게 여기며 축복하는 마음을 갖고 있다.					
7. 다른 사람을 위하는 것이라면 손해도 감수할 수 있다.					
8. 나를 오해하고 미워하는 사람도 친절히 대할 수 있다.					
9. 사람들을 격려하고 칭찬하는 편이다.					
10. 내게 상처를 주거나 힘들게 한 사람도 용서할 수 있다.					

각 문항마다 체크한 점수를 합산합니다.
타인긍정지수 합계 (   )점

Positivity **Q**uotient Check List

절대긍정지수 체크 리스트 ☑

당신의 사명긍정지수(PQ)는?
각 문항을 읽고 해당하는 칸에 체크해 봅니다.

측정 문항	전혀 아니다	아니다	보통 이다	그렇다	매우 그렇다
	1점	2점	3점	4점	5점
1. 내가 하고 있는 일을 즐기고 있다.					
2. 내가 하는 일이 하나님의 사명이라고 생각한다.					
3. 어려운 일을 만나면 포기하기보다 도전하고 싶은 마음이 생긴다.					
4. 일할 때 아이디어가 종종 떠오르는 편이다.					
5. 일하기 전에도, 일을 할 때도 하나님께 기도 한다.					
6. 일할 때 주위 사람들을 배려하며 친절하게 일한다.					
7. 일할 때 열정을 가지고 한다.					
8. 어디서나 맡겨진 일에는 작은 것이라도 최선 을 다한다.					
9. 나이가 들었다고 일이 없거나 사명이 끝났다 고 생각하지 않는다.					
10. 일을 더 잘하기 위해 체력관리도 잘하는 편이다.					

각 문항마다 체크한 점수를 합산합니다.
사명긍정지수 합계 (   )점

Positivity Quotient Check List

절대긍정지수 체크 리스트 ☑

당신의 환경긍정지수(PQ)는?

각 문항을 읽고 해당하는 칸에 체크해 봅니다.

측정 문항	전혀 아니다 1점	아니다 2점	보통 이다 3점	그렇다 4점	매우 그렇다 5점
1. 문제가 다가올 때 먼저 불평하지 않는다.					
2. 과거의 상처를 곱씹으며 괴로워하지 않는다.					
3. 내게 일어나는 모든 일과 환경도 하나님 섭리 가운데 있다고 믿는다.					
4. 하나님이 내게 주신 은혜를 상기하며 힘을 얻는다.					
5. 어려운 상황이 닥쳐도 하나님이 합력하여 선을 이루실 것을 믿는다.					
6. 내가 속한 공동체에 대해 긍정적으로 생각하는 편이다.					
7. 내가 출석하는 교회를 위해 기도하며 사랑한다.					
8. 내가 다니는 회사(직장)를 아끼며 귀하게 여긴다.					
9. 함께 속한 공동체 사람들을 비판하지 않는다.					
10. 사람들과 함께 하거나 일할 때 항상 긍정적인 태도를 갖는다.					

각 문항마다 체크한 점수를 합산합니다.

환경긍정지수 합계 (   )점

Positivity Quotient Check List

절대긍정지수 체크 리스트 ☑

당신의 미래긍정지수(PQ)는?
각 문항을 읽고 해당하는 칸에 체크해 봅니다.

측정 문항	전혀 아니다 1점	아니다 2점	보통 이다 3점	그렇다 4점	매우 그렇다 5점
1. 내 삶을 향한 하나님의 큰 기대와 계획이 있음을 믿고 있다.					
2. 내 미래가 낙관적이고 희망차게 느껴진다.					
3. 하나님께서 내 삶에 기적을 베푸실 것을 기대하고 있다.					
4. 성령 안에서 기도할 때 내 안에 거룩한 소원이 일어남을 느낀다.					
5. 하나님이 주시는 비전과 꿈이 내 마음에 불타고 있다.					
6. 고난이 다가올 때 하나님이 주신 꿈의 친구라고 생각하며 인내한다.					
7. 내 미래나 비전의 성취를 시각화하며 항상 바라본다.					
8. 꿈의 성취를 위해 노트에 적고 구체적으로 기도한다.					
9. 꿈의 성취를 위해 항상 공부하며 배우고 있다.					
10. 죽기 전까지 하나님의 꿈과 비전을 이루는 사명자라고 생각한다.					

각 문항마다 체크한 점수를 합산합니다.

미래긍정지수 합계 (   )점

Positivity Quotient Check List
절대긍정지수 체크 리스트 ☑

당신의 긍정언어지수(PQ)는?
각 문항을 읽고 해당하는 칸에 체크해 봅니다.

측정 문항	전혀 아니다 1점	아니다 2점	보통 이다 3점	그렇다 4점	매우 그렇다 5점
1. 부정적인 말은 절대 내 입에서 나오지 않는다.					
2. 타인을 격려하고 칭찬하는 말을 자주 한다.					
3. 나 자신을 긍정적으로 생각하고 축복하며 선포한다.					
4. 불신이나 부정적인 말이 하나님의 역사나 기적을 방해한다고 믿는다.					
5. 타인을 축복하는 말을 자주 한다.					
6. 하나님 말씀을 늘 읽으며 묵상하고 있다.					
7. 하나님 말씀을 암송하여 기도하거나 적절한 상황에 사용한다.					
8. 타인에게 소망을 주거나 살리는 말을 많이 한다.					
9. 하나님의 비전을 기록하여 시간이 날 때마다 선포한다.					
10. 믿음의 말에 권세가 있음을 믿고 질병이나 문제에 대해 명령하며 선포 기도를 한다.					

각 문항마다 체크한 점수를 합산합니다.
긍정언어지수 합계 (   )점

Positivity Quotient Check List

절대긍정지수 체크 리스트 ☑

당신의 절대감사지수(PQ)는?
각 문항을 읽고 해당하는 칸에 체크해 봅니다.

측정 문항	전혀 아니다	아니다	보통 이다	그렇다	매우 그렇다
	1점	2점	3점	4점	5점
1. 아침에 일어나면 가장 먼저 하나님께 감사를 고백한다.					
2. 일상의 사소한 것에서도 감사할 것을 찾는다.					
3. 주위 사람들에게 감사를 자주 표현하는 편이다.					
4. 아직 기도 응답이 없어도 감사하며 기도한다.					
5. 어려운 일이 생겨도 불평 대신 감사를 고백한다.					
6. 내게 없는 것을 불평하지 않고 지금 내가 가진 것에 감사한다.					
7. 매일 감사 큐티나 일기를 쓰며 하나님 은혜를 묵상한다.					
8. 고난이나 문제가 신앙과 인격 성장의 기회임을 믿고 감사한다.					
9. 일이 생각대로 안 풀려도 하나님이 좋게 하실 것을 믿고 감사한다.					
10. 잠들기 전에 감사의 기도로 하루를 마감한다.					

각 문항마다 체크한 점수를 합산합니다.
절대감사지수 합계 (   )점

Positivity Quotient Check List

절대긍정지수 체크 리스트 ☑

당신의 사랑나눔지수(PQ)는?
각 문항을 읽고 해당하는 칸에 체크해 봅니다.

측정 문항	전혀 아니다 1점	아니다 2점	보통 이다 3점	그렇다 4점	매우 그렇다 5점
1. 하나님 사랑을 알고 나누는 것이 내 인생의 핵심 가치 중 하나이다.					
2. 내가 만나는 사람들의 필요를 살피는 편이다.					
3. 어려움에 빠진 이웃이나 친구가 있으면 기꺼이 돕는다.					
4. 복음을 알지 못하는 가족이나 친구를 위해 기도한다.					
5. 내가 가진 은사와 재능을 교회와 이웃을 돕는 데 사용한다.					
6. 하나님을 믿지 않는 이웃이나 동료에게 복음을 전하고 있다.					
7. 가난한 사람들을 물질로 구제하는 일에 동참하고 있다.					
8. 질병이나 문제로 아파하는 이웃을 위해 중보기도를 하거나 위로해 준다.					
9. 교회나 사회에서 진행하는 나눔과 도움 프로그램이나 캠페인에 참여한다(예, 헌혈, 구제를 위한 기금이나 물품 모금 등)					
10. 어떤 보상이나 대가 없이 친절과 사랑을 실천한다.					

각 문항마다 체크한 점수를 합산합니다.
사랑나눔지수 합계 (   )점

절대긍정지수(PQ) 측정 및 평가

긍정지수(PQ, Positivity Quotient)는 인생의 가장 중요한 자산입니다. PQ는 IQ, 환경, 운명을 뛰어넘는 위대한 힘입니다. PQ가 높아질수록 당신의 삶에 놀라운 변화와 기적이 일어날 것입니다.

이 책을 읽고 PQ 체크 리스트 평가에 도달하신 여러분을 환영합니다. 여기서는 각 챕터의 마지막에 제시된 긍정지수를 측정하고 평가해 보는 시간입니다. 다음 순서에 따라 진행해 봅시다.

1. 10가지 영역의 절대긍정지수 점수를 적고 합산해 보세요.

* 각 영역마다 50점 만점, 10가지 항목 총점 만점은 500점 입니다.

no	영역	합계
1	긍정태도지수	점
2	긍정믿음지수	점
3	자기긍정지수	점
4	타인긍정지수	점
5	사명긍정지수	점
6	환경긍정지수	점
7	미래긍정지수	점
8	긍정언어지수	점
9	절대감사지수	점
10	사랑나눔지수	점
총점		점

2. 총점을 5로 나누어 보세요. (100점 기준으로 환산)

＊예 | 총점이 400점이면 당신의 점수는 80점이 나옵니다(400÷5=80).

자신의 점수를 기록해 보십시오. (   ) 점

---

3. 당신의 PQ(100점 환산 기준)는 어디에 속하는지 알아보세요.

90~100점	당신의 PQ는 탁월합니다. 아주 긍정적인 사람입니다.

절대긍정의 에너지를 소유한 당신은 무엇을 해도 행복하고 성공할 수 있습니다.
당신의 삶을 통해 나타날 놀라운 기적을 기대합니다.

80~89점	당신의 PQ는 아주 높은 편입니다. 긍정적인 사람입니다.

높은 수준의 긍정 에너지를 소유한 당신, 이 에너지를 살려 활동하면
큰 성공을 거둘 수 있습니다. 부족한 부분을 보완하여 탁월성을 향해 나아가십시오.

60~79점	당신의 PQ는 괜찮은 편입니다. 긍정적인 면을 많이 가지고 있네요.

당신 안에 긍정의 자산이 많습니다. 10가지 영역 중
가장 취약한 부분은 무엇입니까? 성령의 인도를 따라 부족한 부분을 보완한다면
절대긍정 에너지의 소유자가 될 수 있습니다.

40~59점	당신의 PQ는 낮은 편입니다. 당신 안에 긍정과 부정의 싸움이 벌어지고 있군요

마음과 생각을 더 잘 관리할 필요가 있습니다.
긍정의 사람과 교제하고 절대긍정의 생각, 선포, 활동을 습관화해 보시기 바랍니다.
큰 변화가 일어날 것입니다.

39점 이하	당신의 PQ는 아주 낮은 편입니다. 아쉽게도 부정지수가 더 높게 나타나네요.

긍정지수를 위해 큰 노력이 필요합니다. 하지만 실망하지 마세요.
당신에겐 절대긍정의 하나님이 계십니다.
집중적인 상담과 훈련을 받는다면, 당신도 긍정의 사람이 될 수 있습니다.

| 상담 및 교육 문의 |
절대긍정 코칭센터 TEL. 02-2036-7913 Absolute Positivity Coaching Center

참고문헌

- 김주환, 『회복탄력성』 서울: 위즈덤하우스, 2019.
- 김형석, 『김형석의 인생문답』 서울: 미류책방, 2022.
- 닉 부이치치, 『닉 부이치치의 허그』 최종훈 역, 서울: 두란노, 2010.
- 데보라 노빌, 『감사의 힘』 윤태준 역, 서울: 위즈덤하우스, 2008.
- 데이비드 소퍼, 『하나님은 피할 수 없는 분 God Is Inescapable』 런던: Westminster Press, 1959.
- 로랑 구넬, 『가고 싶은 길을 가라』 김용남 역, 파주: 조화로운삶, 2009.
- 맥스 루케이도, 『목사님, 사는 게 힘들어요』 박명숙 역, 파주: 포이에마, 2013.
- 박에스더, 「아픈 사람을 돌봐주는 병원 목사님이 되고 싶어요」, 아름다운동행, 2011.
- 벤 카슨, 『하나님이 주신 손』 엄성옥 역, 서울: 은성, 1999.
- 소냐 류보머스키, 『How to be happy: 행복도 연습이 필요하다』 오혜경 역, 서울: 지식노마드, 2007.
- 애덤 그랜트, 『기브앤테이크 Give and Take』 윤태준 역, 서울: 생각연구소, 2013.
- 앨버트 밴듀라, 『자기효능감과 삶의 질』 박영신 역, 서울: 교육과학사, 2001.
- 에드워드 바운즈, 『기도의 심장』 이용복 역, 서울: 규장, 2007.
- 에리히 프롬, 『사랑의 기술』 황문수 역, 서울: 문예출판사, 2019.
- 웨이슈잉, 『하버드 새벽 4시 반』 이정은 역, 서울: 라이스메이커, 2017.
- 윌리엄 바클레이, 『만족의 비결』 강성택 역, 서울: 개혁주의신학사, 2012.
- 윤영은, 『긍정이 열정을 압도한다』 서울: 프레너미, 2021
- 이미영, 김만석, 김병욱, 『감사를 만나면 경영이 즐겁다』 고양: 프로방스, 2014.
- 이영훈, 『감사의 기적』 서울: 두란노, 2013.
- 이영훈, 『감사 QT 365』 서울: 서울말씀사, 2022.
- 이영훈, 『오직 성령으로』 서울: 교회성장연구소, 2022.
- 이영훈, 『성공에 이르는 12가지 지혜』 서울: 교회성장연구소, 2023

■ 이지선, 『꽤 괜찮은 해피엔딩』, 파주: 문학동네, 2022.

■ 장용진, 『일 잘하는 사람의 커뮤니케이션』, 서울: 쌤앤파커스, 2008.

■ 전성실, 『아름다운 나눔수업』, 서울: 착한책가게, 2012.

■ 조용기, 『4차원의 영성』, 서울: 교회성장연구소, 2010.

■ 조용기, 『마음 하늘』, 서울: 교회성장연구소, 2009

■ 존 가트맨, 『사랑의 과학』, 서영조 역, 서울: 해냄, 2018

■ 존 고든, 『에너지 버스』, 유영만, 이수경 공역, 서울: 쌤앤파커스, 2019.

■ 존 포웰, 『마음의 계절』, 정홍규 역, 서울: 바오로딸, 1992.

■ 찰스 두히그, 『습관의 힘』, 강주헌 역, 파주: 갤리온, 2012.

■ 최광규, 『모든 것 위에 계신 하나님』, 서울: 나침반, 2014.

■ 켈리 최, 『웰씽킹(WEALTHINKING)』, 서울: 다산북스, 2021.

■ 토머스 스탠리, 『백만장자 마인드』, 장석훈 역, 서울: 북하우스, 2007.

■ 톰 피터스, 『톰 피터스 탁월한 기업의 조건』, 김미정 역, 서울: 한국경제신문, 2022.

■ 프레드 폴락, 『The Image of the Future』, 암스테르담: Elsevier Scientific Publishing Company, 1973.

■ A. W. 토저, 『십자가에 못 박혀라』, 이용복 역, 서울: 규장, 2015.

■ Lisa Hilton, 『Positivity+: How You Can Add More Happiness to Your Life』, Independently published, 2023.

■ Shawn Achor, 『The Happiness Advantage: How a Positive Brain Fuels Success in Work and Life』, Currency; Illustrated edition, 2018.

■ Whitney Goodman, 『Toxic Positivity: Keeping It Real in a World Obsessed with Being Happy』, TarcherPerigee, 2022.

The Miracle of
Absolute Positivity

The Miracle of
Absolute Positivity

절대긍정의 기적

초판 1쇄 발행 | 2023년 5월 12일
초판 7쇄 발행 | 2023년 10월 10일

지 은 이 | 이영훈
편 집 인 | 홍영기
발 행 인 | 교회성장연구소

등록번호 | 제 12-177호
주   소 | 서울시 영등포구 은행로 59, 4층
전   화 | 02-2036-7936
팩   스 | 02-2036-7910
홈페이지 | www.pastor21.net

I S B N | 978-89-8304-214-9 03230

"무슨 일을 하든지 마음을 다하여 주께 하듯 하라" 골 3:23

교회성장연구소는 한국 모든 교회가 건강한 교회성장을 이루어 하나님 나라에 영광을 돌리는 일꾼으로 성장하는 것을 목표로, 목회자의 사역은 물론 성도들의 영적 성장을 도울 수 있는 필독서를 출간하고 있다. 주를 섬기는 사명감을 바탕으로 모든 사역의 시작과 끝을 기도로 임하며 사람 중심이 아닌 하나님 중심으로 경영한다. "무슨 일을 하든지 마음을 다하여 주께 하듯 하라"는 말씀을 늘 마음에 새겨 하나님께서 주신 사명을 기쁨으로 감당한다.